ALL THAT
STILL MATTERS
AT ALL

ALL THAT
STILL MATTERS
AT ALL

SELECTED POEMS

OF

MIKLÓS RADNÓTI

TRANSLATED BY

JOHN M. RIDLAND AND PETER V. CZIPOTT

newamericanpress

Milwaukee, Wis. & Urbana, Ill.

newamericanpress

www.NewAmericanPress.com

Printed in the United States of America
ISBN 978-0-9849439-8-2
Book design by David Bowen

This edition published with the generous support of the Hungarian Books & Translations Office, the Petőfi Literary Museum, and Mr. Zsolt Krajcsik.

HUNGARIAN BOOKS
AND TRANSLATIONS
OFFICE

For ordering information, please contact:

Ingram Book Group
One Ingram Blvd.
La Vergne, TN 37086
(800) 937-8000
orders@ingrambook.com

CONTENTS

Eclogues (1938-1944)

The Bor Notebook (1944)

INTRODUCTION

Hungary? Land of the cimbalom, the csárdás, paprika, rhapsodies, and the puli. Poetry? Well, that, too, I suppose, but I didn't know a great many Hungarian poets. Or even a small number of them. I was therefore delighted to read the manuscript of this translation of the poems of Miklós Radnóti by Peter Czipott and my friend John Ridland. A brave—and bravely suffering—new world!

I am often suspicious of poetry of protest. And poetry of suffering. Too many people read this kind of writing not because they are interested in poetry but because they support the cause or are sympathetic to *los pobres pobres*. There's nothing wrong with such attitudes, but they are irrelevant and distracting when poetry is, or ought to be, the primary concern. Incidentals are only incidental.

Having said that, however, I am forced to admit that there is something organically authentic and therefore appealing about Radnóti's work. He begins, as many poets of that period did, writing as a naïf, which was a way of making images clearer, contriving arbitrary associations that seemed reasonable, making a few diffident steps in the direction of surrealism and getting away from the bric-a-brac of the late nineteenth and early twentieth centuries. Radnóti had a clean, lyric simplicity as here, in the opening of "Hail to the Sun":

> Already I'm kissing your hand, like this — and it's so
> beautiful standing stock-still like sullen peasants
> in the sun; on the teeming fields we hear the clash
> of stalks colliding where the wheat ears leap.

Look! where we lay, the stalks are fallen, crushed,
love's blazon on a flattened billboard — how
this slice of landscape bows! And bowing before you,
the distant church tower grovels in the dust!

He was (and is) a real poet, and his accounts of horror are straightforward and have that same odd childlike simplicity. His last poem, "Postcard 4," the short, prophetic piece that was written ten days before he died is exemplary:

I toppled next to him; his body flipped,
stiff already, as a gut string snaps.
Shot in the nape. "You'll end like this as well,"
I whispered to myself, "Lie still, relax.
Now, Death's the rose they say that patience makes."
"Der springt noch auf" rang out above me.
On my ear the muddied blood was caking.

Weirdly, miraculously, it has the same rhetoric as the early love poem, with the slightly surrealist idea of Death as the rose that patience makes and the simplicity of the assertion that the muddied blood was caking on his ear. (The German phrase means, "This one is still twitching.")

In a piece of melodrama that few mere writers would have the nerve to invent, Radnóti was shot and thrown into a mass grave from which he was later exhumed and the little notebook with the poems in it was then discovered. It's the kind of theatrical gesture that only God would have the nerve to make—if there were one.

Radnóti was a Jew (of course) who converted to Catholicism (of course) but found that the conversion did him no good (of course). He was conscripted into the Hungarian army but assigned to a "weaponless" battalion that was, in essence, a slave-labor group. As Tito's forces approached, the battalion was force-marched from the copper mines in Bor, Serbia, into central Hungary and it was on this march that most of the workers died, including Radnóti.

It is an extravagant tale no novelist would dare to imagine. (Or maybe a black-hearted novelist whose twist at the end would be to make the poems no more than worthless doggerel, admired by the public for all the wrong reasons.) The mind skitters away, however, because Radnóti's poems turn out to be very good, some of them even great. And it is difficult but necessary to forget, at least for a moment, the melodrama of the exhumed notebook—in fairness to the poetry, because in the long run it stands or falls on its own. There is a remarkable laconic quality that suggests Hemingway at his best, or, better than that, early Tolstoi, as in *Tales of Army Life*. Quick bold strokes that amount to a kind of shorthand from which we are invited to recreate not only a more intricate poem but the experience itself. Even at a line or two longer, what they describe would be unbearable. He has to reach us before we turn away.

Sometimes, the turning away is itself his subject. "Postcard 2" is an instance of this:

> Nine kilometers from here they're burning, burning
> the hayricks and the houses,
> and, squatting dumbly along the meadows' fringes,
> shell-shocked peasants smoke their pipes.
> Here, stepping into the water, the shepherd girl
> ripples the still pond,
> and, leaning over that pond, her curly-haired flock
> are drinking up clouds.

It appears to be utterly transparent. But there is an intricate diffidence. It isn't the speaker who looks up at the clouds (peaceful, serene, and above it all). He notices the shepherd girl who isn't looking up either. But her sheep, innocent and witless, are drinking the clouds' reflections. How much of this was conscious on that terrible death march and how much was instinct it is impossible to say. Either way, it is...he is...amazing.

David R. Slavitt
Cambridge, Mass.
2013

TRANSLATORS' NOTE

George Szirtes, reviewing some of the previous English translations of Miklós Radnóti's poetry, commented on the way most of these have steered readers to the overpowering poems from Radnóti's terrible last years in labor camps and his death on the forced march from Serbia back to Hungary, when he was shot and buried at a site now marked by a memorial. His sufferings were horrendous, and yet he was able to make great poems out of them. The poems were dark and painful, and it is no wonder the literary world has pictured their author as a tragic victim. Yet we agree with Szirtes that he should not be viewed purely as a subject for Holocaust Studies, and so we have begun with some of the earlier poems, love poems from a time of joy, as the last ones are often love poems from the depths of sorrow and despair. For example, what could be more joyful than "After April Rain:"

> As happy, with a woman on my chest,
> as when the sun shines after April rain,
> I shout! and straight away, clean rinsed in light,
> my voice rings, like that bird's up to his middle,
> now, in the crystal puddle.

Even the titles, such as: "Hail to the Sun!" and "Song of the Springtide Lovers," express this youthful *joie de vivre*. But his early life was clouded by a shocking fact he did not discover until adolescence.

In his prose memoir *Under Gemini*, Radnóti recalls a scene from childhood: eleven years old, he had been sent out of the house with his younger sister, Ági, and they had stumbled onto the scene of a military deserter being executed in public by a firing squad. Telling it at the family dinner table, Ági added horror story details: "And then they cut off his head and put it in a chest!" Miklós was furious: "She's lying! She's lying again!" Before the memoir ends, and she has lied one more time, Miklós has discovered that he has been living in the midst of an enormous lie. The woman he has always known as "Mother" is actually his stepmother; his biological mother had died while giving birth to him and a twin brother (hence the title *Under Gemini*), who had also died. At this revelation he burst out again, "It's not true! ... You're lying!" For young Miklós, it's clear, "truth", meaning absolute accuracy to the facts of experience, is a necessity, while for Ági it is imagination that makes a story exciting. She was a Romantic while her brother was a Realist.

Some time after these two traumatic points in his memoir, Radnóti recalled a stay in Paris, where he disputed with his French friend Jean Citadin about translating poetry. Citadin declared:

"What's important is being faithful to the original," he raised a forefinger, "and that's why it's not possible to translate according to [or "in"] form. Formal fidelity! ... We, we are precise, we don't fool around with poems from other languages, we tell the truth about them in French." Against which Radnóti argued: "Truth? Without form? How can formless poems be true? It's the form, old man, that is most important. That's what strikes to the heart...."

Between them, the two have pretty much covered the main issue on translating poetry—truth to form vs. truth to contents — while the two children had debated the demand for basic accuracy which translators, even of poems, ignore at their peril. Both issues remind us of Push-Me-Pull-You in the Doctor Doolittle books we loved in childhood, a herbivore with a head at either end. Back and forth we go, "From form to content and back to form,... /From sound to sense and back to sound," as Robert Frost put it in "To a Thinker."

In our attempts to be true to form and content — and tone, a vaguer element harder to define, though dear to French poets and critics, we work with an advantage over most of the other paired translators of Hungarian poetry. We are both native English speakers, although Peter also speaks Hungarian as a native, having grown up in the United States with Hungarian parents who taught him their own language from the beginning, while he learned American English outside the home. This gives him equal rights in deciding on English words, while I must trust the Hungarian entirely to him.

Our method of translating follows a pattern Peter developed. First he lays out the poem line by line in bold type. For example:

A vonaton a lámpa haldokolt,

Under each of these lines he sets a literal, word-for-word or rather, morpheme-for-morpheme translation, which, since Hungarian is an agglutinative language, tacking suffixes onto a root, and follows a word order more like German, can produce a bewildering mass of English words that makes little sense in English. (Adding to the controlled confusion, for words with more than one meaning, he most helpfully offers many of the alternatives supplied by Lászlo Országh in his standard multi-volume Hungarian-English Dictionary.) So, here:

The train-on the light dying-was,

Peter follows each of these lines with, in italics, a syntactically solid, full English translation that does make sense.

On the train the light was flickering out,

To assist me in grasping the form of the poem, which Radnóti declared most important, Peter shows me the rhyme scheme and the number of syllables per line. (Hungarian meter is quantitative and most of its poetry, syllabic.) And he footnotes everything that is not self-evident. In responding, I will not only offer a second draft of the English poem-in-progress, but reply to his footnotes. This amounts to the first draft of the poem, with notes, as seen in this example from the "Cartes Postales" written in France in 1937:

CHARTRES-BÓL PÁRIS FELÉ

A vonaton a lámpa haldokolt,   A   10
The train-on the light dying-was,
On the train the light was flickering out,

a lengő ablakokra néha rátapadt a hold,   A   14
the rattling windows-onto sometimes stuck-onto the moon,
Occasionally the moon would adhere onto the shaking window,

szemközt katona ült, szivén egy szőke lány   B   12
opposite soldier sat, heart-his-on a blonde girl
opposite me sat a soldier, on his heart a blonde

világitott. A lány mosolygott, könnyű álma volt.   A   14
lit-up, The girl smiled, easy dream-her was.
lit up. The girl smiled: her dream was sweet.

Peter's first draft of the poem:

> In the train compartment the lamp was flickering out;
> sometimes the moon got stuck on the vibrating panes;
> opposite me sat a soldier: a blonde girl on his heart,
> lit up. The girl was smiling: her dream was feather-light.

And the poem as it finally appears (meter and rhyme scheme intact):

FROM CHARTRES TO PARIS

In the train compartment the lamp was burning low;
on the rattling windows at times the moon took hold;
opposite me sat a soldier: a blonde girl on his heart.
The girl smiled: her dream was feather-light; she glowed.

It is 1937. Not knowing it, that soldier is on his way to fight in World War Two, and his blonde girl (the image of Petőfi's heroine, Iluska in *John the Valiant*), is as likely to be made a widow as Fanni Radnóti was, perhaps living for a hundred years, as she has done. The observer, sitting opposite them in the train compartment, who must have been visiting Chartres Cathedral as the artist he was, would be likely to do, will be called up to labor camp as a Jew, three times. The third time will be no charm, and he will end in a mass roadside grave, with a notebook containing some of the greatest poems in Hungarian literature, world-class additions from their language to our artistic representations of the human condition. Translations are to their originals as reproductions are to original paintings, unable to reproduce the texture of the paint. But good translations will carry most of the poem across that aerial bridge from language to language, as we hope we have done.

— John M. Ridland and Peter V. Czipott
November 5, 2013

AJÁNLÁS

Radnóti Fanninak (1912 - 2014)

Hogy száz évig kell élned, míg Miklósra
— mint Mozartra — csak harmincöt jutott,
s a múlt Századon így hagyott nyomot,
te lettél nyájának hű pásztora.

Te nem hagytad, mint Jancsi, mielőtt
János vitéz lett, hogy szétszéledjen,
földre szállt Iluska, a Szerelem
— megmutattad - legyőzi a Halált.

Magyar hágók angol völgyek között
haladtunk keskeny ösvényeken át,
jelzők, igék, főnevek üde zöld
mezőin őrizve az ő szavát.

Hogy visszatér tehozzád, azt ígérte,
És visszatért, s velünk van már örökre.

Ferencz Győző fordítása
Translated by Győző Ferencz

DEDICATION

to Mme. Fanni Gyarmati Radnóti (1912 – 2014)

That you had lived a hundred years, when Miklós
had only thirty-five to make his mark
on our last Century — no more than Mozart —
left you the faithful shepherd of his flock.

You have not let them stray, as Jancsi did
before becoming János vitéz; you,
Iluska's avatar, have proved it true:
Love holds a hand that Death cannot outbid.

We've edged across the narrow lane between
the peaks of Magyar and the dales and downs
of English, guarding his words — fresh and green
pastures of adjectives and verbs and nouns...

He said he'd make his way back — and he has —
to you, and, making it, we hope to us.

John M. Ridland

KÖSZÖNTSD A NAPOT!

Most már a kezedet csókolom, – így
paraszt bánattal oly szép megállni
a napban, lelkes földeken csörren
ütődő szárba szökkenve a búza!

Nézd! ahol hevertünk eldőlt a szár,
szigorú táblán szerelmi címer, – hogy
bókol a tájék! bókolva előtted
csúszik a porban a messze torony!

Álmos délután jön: csöndben köszöntsd!
csók virágzik ujjaid cúcsán és
tenyeredben megszületik az árnyék!
Te csak köszöntsd! szétnyitott tenyérrel

köszöntsd a napot, mert most még
feléfordúlva állunk és lelkes
földeken, csillanó földeken csörren
ütődő szárba szökkenve a búza!

1929. október 8.

HAIL TO THE SUN!

Already I'm kissing your hand, like this — and it's so
beautiful standing stock-still like sullen peasants
in the sun; on the teeming fields we hear the clash
of stalks colliding where the wheat ears leap.

Look! where we lay, the stalks are fallen, crushed,
love's blazon on a flattened billboard — how
this slice of landscape bows! And bowing before you,
the distant church tower grovels in the dust!

The afternoon drones sleepily: silently hail it!
A kiss blooms on your fingertips and there
inside your palm a shadow comes to life!
So simply hail! Spread the palm of your hand open

to hail the sun, because we're now still standing,
our faces turned to it and, from the teeming fields,
the glittering fields, our ears pick up the clash
of stalks colliding where the wheat ears leap!

8 October 1929

TAVASZI SZERETŐK VERSE

Látod!
boldog csókjaink öröme
harsog a fák közt és
árnyékkal áldja
testünket a táj! hallod,

hogy terül a füvön a
fény és pattan a fákon
dallal a hajtás! csak

csörgető fekete tücskök
zaja dicséri most
fűnek és fának
jó örömét! nézd,

a vizen, messze partok
homályos tövén
tükrösen fénylik
tavaszi kedvünk! mert

mi vagyunk most a fű,
a fa, a part, az öröm is
és szépszavú áldása
a tájnak!

      1929. november 12.

SONG OF THE SPRINGTIDE LOVERS

Look at us!
How the joy of our happy kisses
rings through the trees
and the landscape blesses
our bodies with shade! Can you hear

how the light spreads over
the grass and the buds break out
in song on the boughs! Only

the racket of clattering black crickets
now loudly lauds
the trees' and the lawns'
wide-handed happiness! Watch

now on the water the faraway shoreline
mistily mirrors
glimmeringly
our spring-like joy! All this because

we've become the grass,
the trees, the shore, the sheer delight,
and the beautifully worded
landscape's blessing!

12 November 1929

ÁPRILISI ESŐ UTÁN

Asszonnyal boldog mellemen
így áprilisi eső után a napra
kiáltok és fényben fürdik
a hangom már, mint tiszta madár
most a ragyogó pocsolyában.

1930. április 18.

AFTER APRIL RAIN

As happy, with a woman on my chest,
as when the sun shines after April rain,
I shout! and straight away, clean-rinsed in light,
my voice rings, like that bird's up to his middle,
now, in the crystal puddle.

    18 April 1930

ÉS KEGYETLEN

Az anyám meghalt, az apám és ikeröcsém is,
asszonyom kicsi huga, nénje és annak a férje.

Sokan haltak meg és hirtelenül
s álmainkban, ha sokat vacsorázunk,
halljuk, hogy sírjuk alatt harsogva
nő a köröm még és szisszenve a szőr.

Tisztán élünk különben és könnyü mosollyal;
asszonyom járkál a szobán szoknyája kis neszével
és fényes szemmel rendezi tárgyainkat.

Tudja már, hogy harapósak a gazdagok kutyái
s hogy aki meghal, azt végleg elkaparják.

Oly félelem nélküli így az életünk és egyszerű,
mint a papír, vagy a tej itt az asztalunkon
és kegyetlen is,
mint mellettük a lassútekintetü kés.

1933

ALSO, AS MERCILESS

My mother died, my father, my twin brother,
my wife's kid sister, her aunt and that aunt's spouse.

They many of them died, and all of a sudden,
and in our dreams, when we've eaten too much supper,
we hear, below their mounds, how their nails still grow
fortissimo, and hissingly, their hair.

Aside from that, we live immaculately, with easy smiles:
my wife paces the floor, her skirt is lightly rustling,
eyes moist, she keeps on putting our little things in order.

She knows already that the dogs of the rich will bite,
and whoever dies, they'll bury, once and for all.

This way, our life's as simple, and quite without fear,
as the sheet of paper, or the milk here on the table —
also, as merciless
as what's lying next to them, the slow-eyeing knife.

    1933

JÁRKÁLJ CSAK, HALÁLRAÍTÉLT!

Járkálj csak, halálraítélt!
bokrokba szél és macska bútt,
a sötét fák sora eldől
előtted: a rémülettől
fehér és púpos lett az út.

Zsugorodj őszi levél hát!
zsugorodj, rettentő világ!
az égről hideg sziszeg le
és rozsdás, merev füvekre
ejtik árnyuk a vadlibák.

Ó, költő, tisztán élj te most,
mint a széljárta havasok
lakói és oly bűntelen,
mint jámbor, régi képeken
pöttömnyi gyermek Jézusok.

S oly keményen is, mint a sok
sebtől vérző nagy farkasok.

1936

KEEP WALKING, YOU, CONDEMNED TO DEATH!

Keep walking, you, condemned to death!
Wind and wild cats creep in the bushes;
the file of dark trees leans aside
ahead of you: the road's gone white
with terror, and in horror hunches.

So shrivel up, you leaves of Fall!
Shrivel, horrific world of grief!
Out of the sky, cold hisses down,
and wild geese spill their shadows on
stiff rusty grasses. No relief.

Poet, you must live purely as those
who perch on windswept snow-clad peaks,
and also as sinless
as tiny baby Jesuses
in calm old pictures that still speak.

And harshly as the great wolves know,
bleeding from many a wound and blow.

1936

TEGNAP ÉS MA

Tegnap hűs eső szitált s a térdelő
    bokrokból bíborban bútt elő
    és lassan vonult a réten át
    két fölpattant ajku szerető;

és ma bősz ágyuk, tapadó kerekekkel,
    gőzölgő katonák jöttek reggel,
    homlokukat rohamsisak ótta,
    erős illatok szálltak utánuk,
    férfisorsuk nehéz lobogója.

(Jaj szőke gyerekkor, de messzire szálltál!
ó, hóhaju vénség, téged sem érlek el!
a költő bokáig csúszós vérben áll már
s minden énekében utolsót énekel.)

        1936. november 25.

YESTERDAY AND TODAY

Yesterday cool rain drizzled down on a pair
    of lovers, lips springing open, over there
    they emerged from the scarlet bushes, and across
    the meadow they made their way with care;

and today, furious cannons, wheels sticky with mud
    and soldiers steaming with sweat arrived instead,
    wearing battle helmets to protect their heads,
    and strong smells wafting in their wakes,
    the heavy banner of our masculine fates.

(Alas, blond youth, how far up you've aspired!
Old snowy-crested age, my chance of you has passed!
Ankle-deep in slimy blood, the poet's mired
already, and every song he sings is his last.)

    25 November 1936

FEDERICO GARCÍA LORCA

Mert szeretett Hispánia
s versed mondták a szeretők, —
mikor jöttek, mást mit is tehettek,
költő voltál, — megöltek ők.
Harcát a nép most nélküled víjja,
hej, Federico García!

1937

FEDERICO GARCÍA LORCA

Because you were loved by Hispania
it was your poems lovers rehearsed —
when they came, what else could they do:
you were a poet, so you were murdered and cursed.
The people fight on but can't see you:
¡Olé, Federico García!

1937

CARTES POSTALES

Chartres-ból Páris felé

A vonaton a lámpa haldokolt,
a lengő ablakokra néha rátapadt a hold,
szemközt katona ült, szivén egy szőke lány
világitott. A lány mosolygott, könnyü álma volt.

Versailles

Felforr a tó és tükre pattan,
kövér halakból dől az ikra,
karcsu lányok nézik mozdulatlan,
arany csöppek hullnak lábaikra.

Jardin du Luxembourg

A gyermekek turkáló ujjain
még vígan perg a friss homok,
de hívogatják őket már kötéseik
mögül a tűkkel dolgos asszonyok.

Quai de Montebello

Kislány futott el éppen,
almát tartott kezében.
Piros, nagy alma volt,
a kislány ráhajolt.
Lehellet még az égen,
olyan halvány a hold.

CARTES POSTALES

From Chartres to Paris

In the train compartment the lamp was burning low;
on the rattling windows at times the moon took hold;
opposite me sat a soldier: a blonde girl on his heart.
The girl smiled: her dream was feather-light; she glowed.

Versailles

The pond boils and its mirror surface cracks;
out of plump fish the fresh milt spills;
slim girls are looking on, standing stock-still;
onto their feet the golden droplets splash.

Jardin du Luxembourg

Fresh sand is happily still sprinkling on
the children's fingers poking and searching around,
but already, from behind their knitting, the women,
their needles clacking, are calling them to ground.

Quai de Montebello

...and away the little girl ran,
holding an apple in her hand.
A big, red apple, shiny;
the girl leaned in to bite.
How pale the moon, a phantom
puff of breath on the sky.

Place de Notre-Dame

Dobd el a rémes ujságot, vidám
fehér felhőt lenget a Notre-Dame;
ne gondolj másra, ülj le, nézelődj,
figyelj! mert holnap úgyis nélküled
bomlik a tér fölött a szürkület.

1937. augusztus 7 — szeptember 7.

Place de Notre-Dame

Toss the terrible newspaper news away,
for Notre Dame is flying a cheery white cloud!
Don't think about anything else, sit down, look around, pay
attention! because tomorrow, whatever you do,
gray dawn will break over the square without you.

7 August — 7 September 1937

HUSZONNYOLC ÉV

Erőszakos, rút kisded voltam én,
ikret szülő anyácska, – gyilkosod!
öcsémet halva szülted-é,
vagy élt öt percet nem tudom,
de ott a vér és jajgatás között
úgy emeltek föl a fény felé,
akár egy győztes, kis vadállatot,
ki megmutatta már, hogy mennyit ér:
mögötte két halott.

Mögöttem két halott,
előttem a világ,
oly mélyről nőttem én,
mint a haramiák;
oly árván nőttem én,
a mélységből ide,
a pendülő, kemény
szabadság tágas és
szeles tetőire.

TWENTY-EIGHT YEARS

I was a pushy, ugly newborn,
dear mother of twins: your murderer!
Whether you bore my younger brother dead,
or whether he lived five minutes, I don't know,
but there, amid the blood and crying out
they lifted me toward the light —
the winner! A little beast of human kind
that had already shown its worth,
leaving two dead behind.

Leaving two dead behind me;
before me, the world lay.
From such depths I grew up
like men who rob and slay;
so orphaned I grew up,
from such depths surfaced here,
onto the mountain top,
to broad and windy, hard
and twanging liberty.

Milyen mély volt gyermekkorom,
s milyen hűvös.
Hívó szavad helyett kígyó
szisszent felém játékaim
kis útain, ha este lett
s párnámon vért láttam én,
a gyermeket elrémitő,
nagy, hófehér pehely helyett.

Milyen mély volt gyermekkorom,
s milyen magos az ifjúság!
A két halál megérte-é?
kiáltottam a kép felé,
mely ott sütött szobám falán.
Huszonnyolc éves voltál akkor,
a képen huszonöt talán,
ünnepélyes ifju nő,
komolykodó, tünődő.

Huszonnyolc éves voltál akkor,
most ugyannyi lettem én,
huszonnyolc éve, hogy halott vagy,
anyácska! véres szökevény!

How deep my childhood was,
also, how chill.
Instead of your inviting words, a serpent
hissed at me from my toys
on their little paths; day fell away;
on my pillows I saw blood,
which terrified the child,
and not the great, snow-white duvet.

How deep my childhood was,
and how lofty was my youth!
"Was he worth those two deaths?"
I cried out to the picture
that shone on the wall of my room:
twenty-eight you had been then,
in the picture, maybe twenty-five,
a youthful woman, impressive,
of serious mien, and pensive.

Twenty-eight you had been then;
I'm the same age today:
you've been dead now twenty-eight years,
little mother! And I, a bloody runaway!

Anyácska, véres áldozat,
a férfikorba nőttem én,
erősen tűz a nap, vakít,
lepke kezeddel ints felém,
hogy jól van így, hogy te tudod,
s hogy nem hiába élek én.

1937. szeptember 23.

Little mother, you bleeding sacrifice,
I've grown up to be a man:
the sun burns fiercely, blinding;
wave with your butterfly hand,
that it's all right like this, you know,
that I don't stay alive in vain.

23 September 1937

LAPSZÉLI JEGYZET HABAKUK PRÓFÉTÁHOZ

Városok
lángoltak,
robbantak
a faluk!
légy velem
szigoru
Habakuk!

Kihűlt már,
fekete
a parázs;
bennem még
lánggal ég
a tüzes
harapás!

Ételem,
italom
keserü.
Kormozz be
talpig te
fekete düh!

1937. október 6.

MARGINAL NOTE ON THE PROPHET HABAKKUK

The cities
were aflame,
hamlets burst
asunder!
Be here, im-
placable
Habakkuk!

Cooled by now,
the ember
has gone black;
within me
with fiery
flame the bite
still burns hot!

Both my food
and my drink
are bitter.
Begrime me,
rage, grimy
arbiter!

     6 October 1937

ALUDJ

Mindig gyilkolnak valahol,
lehunyt pilláju völgy
ölén, fürkésző ormokon,
akárhol, s vigaszul
hiába mondod, messzi az!
Sanghaj, vagy Guernica
szivemhez éppen oly közel,
mint rettegő kezed,
vagy arra fenn a Jupiter!
Ne nézz az égre most,
ne nézz a földre sem, aludj!
a szikrázó Tejút
porában a halál szalad
s ezüsttel hinti be
az elbukó vad árnyakat.

1937. november 2.

SLEEP!

Someone is always murdering somewhere,
in the lap of a valley with lowered
lashes, on peaks with prying eyes,
anywhere — and in vain
you try to console me: they're not nearby!
Guernica or Shanghai
are exactly as close to my heart
as you, your trembling hands,
or Jupiter over there, up high!
Neither look at the sky
nor at the ground! Sleep! You must!
Death runs in the dust
of sparks thrown off by the Milky Way
and sprinkles with silver the wild
shades of the fallen, falling away.

2 November 1937

EZ VOLNA HÁT...

E ritkán szálló szó, e rémület,
ez volna hát a termő férfikor?
E korban élek, árny az árnyban;
kiáltottam? már nem tudom mikor.

Ó árny az árnyban, csöndben némaság.
Sziszeg a toll, míg sort a sorhoz űz.
Vad versre készülök és rémült csönd kerít,
csak szúnyogoktól zeng a lomha fűz.

Ó mennyi társ, s a fájdalomban
legtöbbje mégis úri vendég;
emlékeim közt fekszem itt hanyatt,
hamar halálra növő növendék.

Bársony sötétség nem vigasztal,
és már nem oldoz fel tüskés harag,
virrasztva várom és reménytelen,
mikor derengenek fel a falak.

Reménytelen napokra vénülök,
a régi villongó költőfiút
konok, nehézkes férfi váltja fel,
akit ziháltat már a régi út.

SO WOULD THIS BE...

This rarely soaring word, this dismay:
would this be manhood's productive age?
I live in this age, a shade in the shadows;
I can't recall when I last spoke out in rage.

O shade in the shadows, muteness in silence.
The pen scratches, chasing line after line.
I'm fixing a wild poem midst a wary quiet:
in the lazy willow the mosquitoes whine.

O how many fellow men are still in their pain,
most of them noble guests, nevertheless;
I lie among my memories here, supine,
a novice quickly maturing to lifelessness.

The velvet darkness fails to comfort me,
And thorny anger no longer can liberate;
hopelessly keeping watch for the walls to start
to glimmer at me, I wait.

I'm aging into hopeless days,
the fractious youthful poet is rescinded,
replaced by a stubborn, ponderous man,
whom the old path already renders winded.

Ziháltat s a kacér kapaszkodót
új váltja fel, halálos, hős orom,
széljárta sziklaszál felé vívő
vad út, mely túlvisz majd a mély koron.

Már onnan jő a szél és hozza híreit,
fütyölni kezd a fölriadt eresz;
az ifju asszony arcát fény legyinti,
felsírja álmát és már ébredez.

Már ébredez, álmos, szelíd szemén
az éber értelem villan megint,
álmára gondol s készül a vadnál
vadabb világba, míg körültekint.

Körültekint és védő, hűs keze
néhányszor végigröppen arcomon,
elalszom, fáradt szívem szíve melett
s szememre fú a jólismert lehellet.

1937. december 13.

I'm winded now and something new replaces
the merry climber, a steep peak, deadly,
a wild path up toward its windswept spire,
that will carry me past this base age readily.

The wind sweeps from over there, bearing its news,
the startled eaves begin to whistle;
the light disdains the youthful woman's face,
her dream makes her weep as the day bristles.

She begins to wake; sober reason already
begins to flash in her soft, gentle eyes,
she thinks of her dream and prepares to enter
a wilder-than-wild world; she looks to all sides.

She looks to all sides and her cool, protective hand
caresses calmly the length of my face;
I fall asleep, my tired heart beside hers
and her familiar breath wafts across my eyes.

13 December 1937

HIMNUSZ A BÉKÉRŐL

Te tünde fény! futó reménység vagy te,
forgó századoknak ritka éke:
zengő szavakkal s egyre lelkesebben
szóltam hozzád könnyüléptü béke!

Szólnék most ujra, merre vagy? hová
tüntél e télből, mely rólad papol
s acélt fen szivek ellen, – ellened!
A szőllőszemben alszik így a bor

ahogy te most mibennünk rejtezel.
Pattanj ki hát! egy régesrégi kép
kisért a dalló száju boldogokról;
de jaj, tudunk-e énekelni még?

Ó, jöjj el már te szellős március!
most még kemény fagyokkal jő a reggel,
didergő erdők anyja teli nap:
leheld be zúzos fáidat meleggel,

s állj meg fölöttünk is, mert megfagyunk
e háboruk perzselte télben itt,
ahol az ellenállni gyönge lélek
tanulja már az öklök érveit.

HYMN TO PEACE

Ethereal light! You are coursing hopefulness,
the uncommon plowshare of turning centuries:
with ringing words and ever more passionately
I have called out to you, light-footed peace!

I'd call out now again: Where are you? Where
did you disappear from this winter that prates: "Peace, peace,"
whilst whetting steel against hearts, against — against you!
Wine sleeps in the individual grape like this,

the way you hide yourself away within us.
So then, burst out! An antique painted scene
taunts us with happy people's singing mouths;
but we, alas, do we still know how to sing?

O hurry along to us, you breezy March!
Now mornings still arrive in a hardened freeze,
the winter sun's the mother of shivering forests:
exhale your warm breath on your frosty trees,

and pause on us as well, for we freeze through,
where the spirit, being too feeble to resist,
here in this winter singed by the heat of wars,
is learning already the principle of fists.

Nyarakra gondolunk s hogy erdeink
majd lombosodnak s bennük járni jó,
és kertjeinknek sűrü illatában
fáján akad a hullni kész dió!

s arany napoknak alján pattanó
labdák körül gomolygó gombolyag,
gyereksereg visong; a réteken
zászlós sörényü, csillogó lovak

száguldanak a hulló nap felé!
s fejünk felett majd surrog és csivog
a fecskefészkektől sötét eresz!
Így lesz-e? Így! Mert egyszer béke lesz.

Ó, tarts ki addig lélek, védekezz!

1938. február 9.

We think of summers coming, our forests then
will bud out leaves, it will be good to walk
in them and our gardens dense with fragrances
and walnuts hanging on branches, ready to fall!

And late in the golden afternoons around bouncing
balls will be roiling clusters of children, hordes
squealing and swirling; meanwhile, out on the meadows
with manes like banners, the sparkling herds of horses

gallop away toward the sinking sun!
And above our heads, eventually the eaves,
dark from swallows' nests, will rustle and cheep!
Will it be like this? It will! One day comes peace.

O soul, hold out till then: remain *en garde*!

9 February 1938

BÉKE, BORZALOM

Mikor kiléptem a kapun, tíz óra volt,
fénylő kerekén pék suhant és énekelt,
gép dongott fenn, a nap sütött, tíz óra volt,
halott néném jutott eszembe s már repült
felettem mind, akit szerettem és nem él,
sötéten szállt egész seregnyi néma holt
s egy árnyék dőlt el hirtelen a házfalon.
Csend lett, a délelőtt megállt, tíz óra volt,
az uccán béke lengett s valami borzalom.

    1938. június 30.

PEACE, HORROR

When I stepped out the gate it was ten o'clock,
a baker glided by on his bike and sang,
a plane rumbled above, the sun shone, it was ten o'clock,
my dead aunt came to mind and instantly all
whom I had loved and who no longer lived flew above me,
an entire host's worth of mute dead darkly soaring
and a shadow suddenly slid down the house's wall.
It grew quiet, the forenoon came to a stop, it was ten o'clock,
peace lingered on the street, and some sort of horror — a pall.

30 June 1938

KORANYÁR

1

Kis réten ülök, vállig ér a fű
s zizegve ring. Egy lepke kószál.
S zizegve bomlik bánatom, a nap
felé az útról könnyü por száll.

Leül a fű is, fényes szél taszítja,
az égi kékség ráncot vet fölöttem,
apró neszek s apró szöszök repülnek
a fák közt, merre verset írva jöttem.

2

Szavak érintik arcomat: kökörcsin, —
suttogom, — s te csillogó, te kankalin,
Szent György virága, Péter kulcsa te!
hullámos folt az árok partjain!

S ha elvirulsz, majd jön helyedre más,
törökszegfű jön, apró villanás!

EARLY SUMMER

1

I sit in the little meadow; grass brushes my shoulder
and buzzingly sways. A butterfly flutters by,
and buzzingly my sorrows dissolve; from the road
the light dust floats up towards the sun and sky.

The grass sits down too, bright wind tousles it,
the blue of the sky casts a furrow up above me,
tiny rustlings, tiny seed puffs flying off to
where I came from, writing poems, among the trees.

2

Words brush across my face: "Anemone,"
I whisper, "and you, Cowslip, glistening,
You are St. George's flower, St. Peter's key!
A wavy patch on the banks of a roadside ditch!

And when you fade, another will take your place,
Dianthus comes, a tiny spot of pink!"

3

Fölállok és a rét föláll velem.
A szél elült. Egy kankalin kacsint.
Elindulok s a másik oldalon
a hullószirmu törpe körtefák
hirdetik, hogy úgysincs irgalom.

4

De jön helyükre más. Megyek
és jön helyemre más. Csak ennyi hát?
akárha vékony lába tűnő csillagát
a hóban ittfeledné egy madár...

Micsoda téli kép e nyárra készülésben!
és szinte pattog ujra már a nyár.

*

Bokor mozdul s a fúvó napsugáron
egy kismadár megrémült tolla száll.

1939. június 4.

3

I stand up and the meadow stands up with me.
The wind's died down. A cowslip gives a wink.
I hit the road, and on the road's far side
the dwarf-pears dropping petals advertise
that there's no mercy anywhere at all.

4

But in their place come others. I will go,
in my place will come others. Is this all, then?
as if a bird had left its fleeting, thin,
star-shaped tracks imprinted in the snow ...

What a wintry image to prepare for summer!
Already summer's crackling out anew.

*

A bush shakes: on the breeze-blown sun-ray floats
a feather from a small bird, terrified.

4 June 1939

LÁNGOK LOBOGNAK...

Lángok lobognak és kihúnynak lassan s mindörökre
katonák lelke száll most a fényes délkörökre;
egyforma lelkek! ó, mindegy, hogy ez, vagy az ki volt, mi volt,
míg itt a hőség hajlong, amott a fagy sikolt;
a hánykodó hajók ágyúinál honvágytól részeg
és sárga félelemtől rókázó tengerészek!
aknák lebegnek mindenütt, virraszt az érzékeny halál
s dagálykor néha síkos testével partraszáll;
holt férfiak kisérik ringva és széttépett delfinek,
a hajnal ott is fölkél, de nem kell senkinek;
egy gép dörögve száll az égen és sötét árnyéka lenn
némán kiséri röptét a sanda tengeren;
örvény sziszeg felé, jelek szaladnak szét a víz felett,
a zátony vért virágzik tüskés koral helyett;
egész nap bőg a vész, olaj csorog a pontos gépeken,
mögöttük vak düh bujkál s visszhangzó félelem,
majd füstbe fúl a nap s akár a hosszuszárú fájdalom,
úgy hajladoz a hold már a másik oldalon
s lángok lobognak és kihúnynak lassan s mindörökre
katonák lelke száll most a fényes délkörökre.

1939. december 20.

THE FLAMES FLUTTER...

The flames flutter and gutter out slowly and for good;
soldiers' souls now soar to shining southern latitudes;
identical souls! O, it's all the same this one or that, or what, who was,
while here the searing heat wavers, over there the screeching freeze;
at the vomiting cannons of the ships: sailors drunk not on beer
but homesickness, are barfing from yellow fear!
mines float everywhere, sensitive death comes awake
and sometimes its slippery body floats ashore on the high tide waves;
dead men, swaying, accompany it, and dolphins, dismembered,
dawn rises there too, but nobody has remembered;
rumbling, a plane takes off into the sky and its dark shadow
mutely convoys its flight on the squinting sea below;
a whirlwind hisses toward it, signals zig-zag with tidings of peril
the shoal blooms blood in place of spiky coral;
danger roars all day, oil dribbles on the precision lathes,
behind them blind rage goes crawling, in echoing fear it bathes,
then the sun drowns in smoke and likewise long-stemmed pain,
so the moon sets on the other side once again
and flames flutter and gutter out slowly and for good;
soldiers' souls now soar to shining southern latitudes.

20 December 1939

TAJTÉKOS ÉG

Tajtékos égen ring a hold,
csodálkozom, hogy élek.
Szorgos halál kutatja ezt a kort
s akikre rálel, mind olyan fehérek.

Körülnéz néha és felsikolt az év,
körülnéz, aztán elalél.
Micsoda ősz lapul mögöttem ujra
s micsoda fájdalomtól tompa tél!

Vérzett az erdő és a forgó
időben vérzett minden óra.
Nagy és sötétlő számokat
írkált a szél a hóra.

Megértem azt is, ezt is,
súlyosnak érzem a levegőt,
neszekkel teljes, langyos csönd ölel,
mint születésem előtt.

Megállok itt a fa tövében,
lombját zúgatja mérgesen.
Lenyúl egy ág. Nyakonragad?
nem vagyok gyáva, gyönge sem,

A SKY FULL OF SPUME

The moon sways in a sky full of spume;
I wonder that I'm not yet gone.
Death works hard, searching this age we're in,
and those whom it picks out are all so wan.

Sometimes the year looks around itself and screams,
it looks around, then falls into a faint.
What sort of autumn cowers behind my back,
what sort of winter's coming, dull and pained!

The forest bled, and in the season's turning
Time bled each hour away.
The wind scrawled numbers, large
and darkling, on the snow all day.

I understand this, and I know that, too,
I feel the air as heavy as lead,
a lukewarm silence, replete with rustlings, surrounds me,
as when I was born to the dead.

I stop here by a tree-trunk,
which makes its leaves buzz angrily.
A branch bends down. To hang me by the neck?
I'm tired, and neither cowardly

csak fáradt. Hallgatok. S az ág is
némán motoz hajamban és ijedten.
Feledni kellene, de én
soha még semmit sem feledtem.

A holdra tajték zúdúl, az égen
sötétzöld sávot von a méreg.
Cigarettát sodrok magamnak,
lassan, gondosan. Élek.

1940. június 8.

nor weak. Just silent. And the branch also
frisks my hair noiselessly, afraid.
One should forget, but I have never yet
forgotten anything I've seen or said.

Spume gushes over the moon; the poison draws
a dark green streak, a smear across the sky.
I carefully roll myself a cigarette,
slowly. I'm alive.

8 June 1940

ESŐ ESIK. FÖLSZÁRAD...

Eső esik. Fölszárad. Nap süt. Ló nyerít.
Nézd a világ apró rebbenéseit.

Egy műhely mélyén lámpa ég, macska nyávog,
vihogva varrnak felhőskörmü lányok.

Uborkát esznek. Harsan. S csattog az olló.
Felejtik, hogy hétfő s kedd oly hasonló.

A sarkon túl egy illatszerárus árul,
a hitvesét is ismerem szagárul.

Elődje vén volt már. Meghalt. S mint bárki mást,
csak elfeledték. Akár a gyökvonást.

Feledni tudnak jól. A tegnapi halott
szíveikben mára szépen megfagyott.

Egy ujságlap repül: most csákót hord a szél.
Költőt is feledtek. Ismerem. Még él.

Még kávéházba jár. Látom hébe-korba,
sötét ruhája valla csupa korpa.

RAIN FALLS. IT DRIES UP...

Rain falls. It dries up. Sun shines. A whinnying horse.
Look around at the world's tiny tremors.

At the back of a workshop a lamp burns, a cat is meowing,
cloudy-nailed girls snigger at their sewing.

They're eating pickles. Crunchily. And their scissors snick-snick.
They forget Monday and Tuesday are so alike.

Past the corner, a perfume-seller is hawking his wares.
I know the smell of his spouse from hers.

His parent was already old. He died. They forgot about
him. Like a tooth pulled out.

They know well how to forget. Yesterday, the dear one departs,
by today — deep frozen in their hearts.

Shakos are carried away by the wind. A newspaper flies.
They forget poets, too. I know one. He hasn't died.

He still goes to the coffee house. Now and then I see him, enough
to know his dark suit's completely dusted with dandruff.

Mit írjak még e versben? Ejtsem el talán,
mint vén levelét a vetkező platán?

Hisz úgyis elfelejtik. Semmi sem segít.
Nézd a világ apró rebbenéseit.

1941. január 30.

What else should I write in this poem? Maybe toss it aside,
like the plane tree undressing when its leaves have died?

Since they'll forget it, anyhow. It's useless, or worse.
Look around at the world's tiny tremors.

30 January 1941

AZ UNDOR VIRÁGAIBÓL

Egy hírlapíróra

Úgy nyögdécseltél, panaszkodtál, nyalvalyogtál,
    mint aki már nem is él.
Szántalak is, hisz rút, fecsegő humanista vagyok csak,
    könnyen békülök én.
Meggyógyultál és nyakig ülsz te megint a mocsokban
     és amit irsz, ujra
     nagy pofonért kiabál.
Most is hát kiderült, hogy joggal utáltalak eddig:
     elvihetett volna
     s undorodott a halál.

    1941. február 11.

A FLOWER OF REVULSION

For a journalist

You lay there groaning, complaining, and you whined
     like someone who's no longer even alive.
I pitied you, dumb chattering humanist that I am,
     and I easily forgive.
You got better and now you sit up to your neck in filth again,
     and what you write, again
     cries out for a huge slap on your physiognomy.
So now it's come clear: I was right to despise you before:
     death could have carried you off then
     but it shuddered in revulsion at your ignominy.

    11 February 1941

ELŐHANG EGY „MONODRÁMÁHOZ"

Ilonának

Kérdeztek volna magzat-koromban...
Ó, tudtam, tudtam én!
Üvöltöttem: nem kell a világ! goromba!
nem ringat és nem ápol, –
ellenemre van!

És mégis itt vagyok.
A fejem rég kemény
s tüdőm erősödött csak,
hogy annyit bőgtem én.

A vörheny és a kanyaró
vörös hullámai mind partradobtak.
Egyszer el akart nyelni, –
aztán kiköpött a tó...

S a szív, a máj, a szárnyas két tüdő,
a lucskos és rejtelmes gépezet
hogy szolgál... ó miért? S a bimbózó virág –
nem nyílik még húsomban most a rák.

PROLOGUE TO A "MONODRAMA"

To Ilona

If only you'd asked me when I was an embryo...
O, I knew, I knew!
I screamed: I don't want the surly world! I don't want to go!
It doesn't rock and nurse me —
it has cursed me!

And all the same, I am here.
I grew hard-headed long ago
and my lungs only strengthened because
I bawled and bellowed so.

The measles and the red
wave of scarlet fever cast me back on the shore.
One time the lake tried to swallow me —
but then it spat me out, not dead.

And the liver and two winged lungs, the heart,
all this slimy mysterious machinery,
how do they serve you!...O why? The bud's not flowering —
the cancer in my flesh may be cowering.

Születtem. Itt vagyok.
Felnőttem. S mire?
Igértek néked valamit?
kérdeztem egyszer én
magamban még süldőkoromban.
S mindjárt feleltem is:
Nem. Senki semmit nem igért.
S ha nem igért, a senki tudta mért.

Szellőtől fényes csúcsra röpít fel a vágy
s lenn vár a gőzt lehelő iszap.
A hallgatag növények szerelme emberibb.

A madár tudja tán, hogy mi a szabadság,
mikor fölszáll a szél alá
és ring az ég hullamán.

A hegyek tudják, hogy mi a méltóság,
hajnalban, alkonyatkor is,
a lomhán elheverő hegyek...

Hegy lettem volna, vagy növény, madár...
vigasztaló, pillangó gondolat,
tünő istenkedés. Ma már
az alkotás is rámszakad.

I was born. Here I am.
I grew up. What for?
Did they promise me anything?
I asked
myself in my teens
and answered right away:
"Nobody promised a thing. No.
And if nobody promised, then nobody can know."

Desire darts to the wind-polished peak
while down below, the mire, venting steam, awaits.
The love of silent plants is more humane.

A bird may know what it is to be free,
when it soars beneath the wind
and rocks upon the airy waves.

The mountains understand dignity
at dawn, and dusk as well,
the mountains bulking heavily...

If only I could have been a mountain, bird, or plant...
an encouraging thought as light as a butterfly:
vainglorious illusion. Today, even the scant
need to be creative is crushing me already.

Kérdeztek engem? Számbavettek.
Ó, a szám... a hűvös és közömbös!
Nem érdeklem, nem gyűlöl, nem szeret,
csak – megfojt.

Nézd, én *vagyok*. Nem egy, nem kettő,
nem három és nem százhuszonhárom.
Egyedül vagyok a világon.

Én *én* vagyok.
S te nem vagy *te*, s nem vagy *ő* sem.
Gép vagy. Hiába sziszegsz. Én csináltalak.
Én *vagyok*. S általam te. Hiába sziszegsz.
Én *vagyok*. Szétszedlek és te *nem* vagy,
nem kapsz több olajat, túl nagyra nőttél.
S szolgálni fogsz, hiába sziszegsz!

Én *én* vagyok. Én *én* vagyok. Én *én*.
S te nem vagy *te* s nem vagy *ő* sem:
Pénz vagy. Hiába sziszegsz!

Én *én* vagyok, én *én* vagyok,
megőrülök,
én *én* vagyok, én *én*...
megcsúszom a végén!

Did they ask me? They just took my number.
O number... so cool and indifferent!
I'm nothing to it; it neither hates me nor loves me:
it just — strangles me.

Look, I *am*. Not one, not two,
not three, and not a hundred and twenty-three.
I'm alone in the world — just me.

I am *I*.
And you are not *you*, and neither are you *he*.
You're a machine. You hiss in vain. I made you.
I *am*. And you exist through me. You hiss in vain.
I *am*. I disassemble you and you *cease* to be:
you'll get no more oil, you've grown too
big. And you'll serve me: you hiss in vain!

I am *I*. I am *I*. I, *I*.
And you are not *you*, and neither are you *he*:
You are money. You hiss in vain!

I am *I*. I am *I*.
I'm going mad.
I am *I* — I, I...
I'll lose my footing by and by!

Én *én* vagyok magamnak,
s neked én *te* vagyok.
S te *én* vagy magadnak,
két külön hatalom.
S ketten *mi* vagyunk,
De csak ha vállalom.

Ó, hadd leljem meg végre honnomat!
segíts, vigasztaló, pillangó gondolat!

Még csönd van, csönd, de már a vihar lehell,
érett gyümölcsök ingnak az ágakon.
A lepkét könnyü szél sodorja, száll.
Érik bennem, kering a halál.

Ring a gyümölcs, lehull, ha megérik.
Füstölg a halál. Élni szeretnék.
Lélek vagyok. Arkangyalok égi harangja
ég bennem, riaszt a világ.

Sűrű erdő kerít, porfelhőben a távoli nyáj.
Porfelhőben a nyáj. Porkoszorús katonák.
Dögölj meg, dögölj meg, dögölj meg hát világ.

I am *I* to myself
and to you I am *you,*
and you are *I* to yourself,
separate powers — two.
And together we are *we.*
But only if I do what's due.

O, let me glimpse my native land at last!
help me, consoling butterfly thought.

It's still quiet, quiet, but the storm's already breathing!
ripened fruit are swaying on the branches.
The butterfly whirls and soars on a breeze's breath.
What's that circling round, in me ripening? It's Death.

The fruit sways and when it ripens — drops.
Death smolders. Life's more to my liking.
I'm a soul. The heavenly bells of the archangels
burn in me; I'm alarmed by the world.

Dense woods surround me, dust smothers the distant herd.
Dust smothers the sheep; dust wreathes the soldiers.
Dig your own grave: dig it deep and lie in it, world!

Ringass emlékkel teli föld.
Takarj be! védj, villámmal teli ég!
Emelj fel emlék!

Lélek vagyok. Élni szeretnék!

1941 tavasza

Rock me, earth crammed with memories.
Cover me up! Protect me, sky filled with lightning!
Memory, lift me, brightening!

I'm a soul. Life's more to my liking!

Spring 1941

TARKÓMON JOBBKEZEDDEL

Tarkómon jobbkezeddel feküdtem én az éjjel,
a nappal fájhatott még, mert kértelek, ne vedd el;
hallgattam, hogy keringél a vér ütőeredben.

Tizenkettő felé jár s elöntött már az álom,
oly hirtelen szakadt rám, mint régesrégen, álmos,
pihés gyerekkoromban s úgy ringatott szelíden.

Meséled, még nem is volt egészen három óra,
mikor már felriadtam rémülten és felültem,
motyogtam, majd szavaltam, süvöltve, érthetetlen,

a két karom kitártam, mint félelemtől borzas
madár rebbenti szárnyát, ha árnyék leng a kertben.
Hová készültem? merre? milyen halál ijesztett?

Te csititottál drága s én ülve-álva tűrtem,
s hanyattfeküdtem némán, a rémek útja várt.
S továbbálmodtam akkor. Talán egy más halált.

    1941. április 6.

YOUR RIGHT HAND ON THE NAPE OF MY NECK

Last night I lay, your right hand on the nape of my neck;
it must have still been sore today, since I asked you not to take it back;
I listened to the blood pumping up through your artery.

It was toward twelve that the dream engulfed me, deep,
so suddenly it gushed over me, like long, long ago in the sleep
of my fluffy childhood, and it rocked me in that way, gently.

You tell me that three o'clock wasn't even that near,
when I started awake, and sat up, already terrified,
mumbling, orating, shouting — incomprehensibly,

I spread out my two arms like a bird ruffled by fear,
that quivers when a shadow flits over a garden tree.
Where was I preparing to go? Which way? Which death had scared me?

You calmed me, dear, and I bore it, sitting-sleeping by your side,
and lying back mutely, as the coming terrors prepared their path.
And then I dreamt on. Perhaps of a different death.

    6 April 1941

KÉT KARODBAN

Két karodban ringatózom
csöndesen.
Két karomban ringatózol
csöndesen.
Két karodban gyermek vagyok,
hallgatag.
Két karomban gyermek vagy te,
hallgatlak.
Két karoddal átölelsz te,
ha félek.
Két karommal átölellek
s nem félek.
Két karodban nem ijeszt majd
a halál nagy
csöndje sem.
Két karodban a halálon,
mint egy álmon
átesem.

1941. április 20.

IN YOUR TWO ARMS

In your two arms back and forth I rock
silently.
In my two arms back and forth you rock
silently.
In your two arms I am a child,
listening.
In my two arms you are a child
I listen to.
With your two arms around me, you embrace me
when I'm afraid.
With my two arms around you I embrace you
unafraid.
In your two arms not even Death
will frighten me,
nor its great silence.
In your two arms,
as through a dream,
I'll pass through Death.

     20 April 1941

ZÁPOR

Jókor menekülsz! A patak csupa bánat.
Felborzad a szél. Kiszakadnak a felhők.
Csattanva lezúdul a zápor a vízre.
Elporlik a csöpp. Nézek utánad.

Elporlik a csöpp. De a test csak utánad
nyújtózik, az izmok erős szövedéke
még őrzi a vad szoritást, a szerelmet!
Emlékezik és gyötri a bánat.

Úgy gyötri a testet utánad a bánat,
úgy röppen a lélek utánad, elébed,
ó, semmi, de semmise már! ez a zápor
sem mossa le rólam a vágyat utánad.

1941. július 2.

CLOUDBURST

Fine time you pick to flee! The creek's regretful.
The wind is whipping up. The clouds rip open.
The cloudburst slams down, cracking on the water.
Drops puff like dust. I gaze after you, fretful.

Drops puff like dust. The body strains for you, fretful,
stretches, the strong web of the musculature
holds onto the wild clasping still, the love clench!
Remembers, is tormented, and regretful.

Tormented, fretful for you, the body's regretful,
the soul darts after you, ahead of you —
oh, this cloudburst is nothing whatever, nothing,
not washing away my longing for you, fretful.

2 July 1941

REJTETTELEK

Rejtettelek sokáig,
mint lassan ért gyümölcsét
levél közt rejti ága,
s mint téli ablak tükrén
a józan jég virága
virulsz ki most eszemben.
S tudom már mit jelent ha
kezed hajadra lebben,
bokád kis billenését
is őrzöm már szivemben,
s bordáid szép ívét is
oly hűvösen csodálom,
mint aki megpihent már
ily lélekző csodákon.
És mégis álmaimban
gyakorta száz karom van
s mint álombéli isten
szorítlak száz karomban.

1942. február 20.

I CONCEALED YOU

For a long while I concealed you,
a slowly ripening fruit
hidden by leaves on a branch,
and now, like frost blooming coldly
across wintry window panes,
your blossom flowers in my mind.
And now I know what it means
when your hand flutters down on
your hair; I guard in my heart
your slender ankle tipping,
and marvel as coolly at
your ribs' great natural arch
as one who has long reposed
among such living wonders.
And yet in my dreams I have
habitually a hundred arms
like a god in a dream, and press
you tight in my hundred arms.

20 February 1942

EGYSZER CSAK

Egyszer csak egy éjszaka mozdul a fal,
beleharsog a szívbe a csönd s a jaj kirepül.
Megsajdul a borda, mögötte a bajra szokott
   dobogás is elül.
Némán emelődik a test, csak a fal kiabál.
S tudja a szív, a kéz, meg a száj, hogy ez itt a halál,
   a halál.

Mint fegyházban a villany ha kacsint,
tudják bent a rabok s tudja az őr odakint,
hogy az áram mind egy testbe fut össze,
hallgat a körte, a cellán árnyék szalad át,
s érzik ilyenkor az őrök, a foglyok, a férgek a perzselt
   emberi hús szagát.

   1942. április 20.

ALL OF A SUDDEN

All of a sudden one night the wall moves,
silence blares into the heart, and sorrow flies out.
The rib twinges, and behind it the pulse beat, accustomed to
    trouble, also dies out.
The body rises mutely; only the wall cries out.
And the heart, the hand, and the mouth all know what's here is death,
    death.

As when the power flickers in the jail,
the prisoners inside and the guards outside won't fail
to notice, the current has all run into one body:
the light-bulb goes quiet, a shadow crosses the cell,
and at such times, to the guards, the captives, and the worms wafts a breath
    of singed human flesh smell.

    20 April 1942

ÉJSZAKA

Alszik a szív és alszik a szívben az aggodalom,
alsik a pókháló közelében a légy a falon;
csönd van a házban, az éber egér se kapargál,
alszik a kert, a faág, a fatörzsben a harkály,
kasban a méh, rózsában a rózsabogár,
alszik a pergő búzaszemekben a nyár,
alszik a holdban a láng, hideg érem az égen;
fölkel az ősz és lopni lopakszik az éjben.

1942. június 1.

EVENING

The heart is asleep and inside it the worries ebb,
the fly is asleep on the wall near the spider's web,
the house is hushed, not even the wakeful mouse scratches,
the garden's asleep, and the woodpecker in the tree trunk, and its branches,
the bee in its hive, the rose which the worm in its heart will eat,
Summer's asleep, in the wind-whittled grains of the wheat,
the flame is asleep in the moon, that cold medal pinned on the sky;
Autumn is waking and stealthily steals through the night. It is nigh.

    1 June 1942

VIRÁGÉNEK

Fölötted egy almafa ága,
szirmok hullnak a szádra,
s külön egy-egy késve pereg le,
ráhull a hajadra, szemedre.

Nézem egész nap a szádat,
szemedre hajolnak az ágak,
fényén futkos a fény,
csókra tünő tünemény.

Tűnik, lehunyod szemedet,
árny játszik a pilla felett,
játszik a gyenge szirommal,
s hull már a sötét valahonnan.

Hull a sötét, de ne félj,
megszólal a néma, ezüst éj;
kivirágzik az égi fa ága,
hold bámul a béna világra.

                    Nagyvárad, Csapatkórház,
                    1942. augusztus 25.

FLOWER SONG

An apple tree branch above you,
its petals drop onto your lips,
twirling tardily down, one or two
fall on your hair, your eyelids.

All day I watch your lips,
the branches lean over your eyes,
light flits on their light, crosswise,
a vision lost in a kiss.

Close your eyes, it vanishes,
a shadow plays over your lashes,
it plays with the fading petals,
and from somewhere darkness falls.

Darkness falls, but don't take fright,
says the mute, silvery night;
the starry tree branch blooms,
the crippled world's warded by the moon.

> Nagyvárad, military hospital
> 25 August 1942

OKTÓBERVÉGI HEXAMETEREK

Táncosmedrü, fehérnevetésü patak fut a hegyről,
táncol az őszi levél s taraján kisimulva elúszik.
Nézd csak, az árnyban a som fanyar ékszere villog a bokron,
s villog a fényben a kis füvek éle öreg remegéssel.
Még süt a nap, de oly érett már, csak a lassu okosság
tartja az égen, hogy le ne hulljon: félti arannyát.
Lassu, okos vagyok én is e lassu, okos ragyogásban,
féltelek én is a tél hidegétől, tűzifa gondja,
téli ruhák vak gondja növekszik, apad szemeidben
s mint a lehellet futja be tükreit, árad az álmos
bánat a kék ragyogásban, a szádon a mondat elalszik
s ébred a csók. Feketén jön a hó, jön a tél, feketélnek
sarkai máris az őszi nagy égnek, a hajnali órák
léptei már sikosak. Gyere hát elaludni az esték
hosszu szakálla alá; nézd, gyermeked is vagyok én, de
felnőtt, nagy fiad és szeretőd, fele gondra is érett,
nemcsak a versre komoly. Fekszünk majd s hallgatom éji
füllel a szíveden alvó gond ütemét a sötétben.
Hallgatom és várok. S mint ifjú gólyafióka
ősszel szállni tanulván meg-megbillen az égen,
forgok a bő heverőn. S lassan tovaszállok a jajjal.
Átveszem és ütemes dobogása elaltat, elalszunk, –
ketten az egy gonddal. S míg elkap az álom, az éjben
hallani, csapdos az ősz nedves lobogója sötéten.

Élesd-Nagytelekmajor,
1942. szeptember 28 – november 14.

LATE OCTOBER HEXAMETERS

In its dancing channel the white-laughing creek sprints down off the mountain,
the autumn leaf dances and, smoothing itself on the wave-crest, swims off.
Just look: in the shadows the dogwood's tart jewels are aglow on the bushes,
and, sunlit, the little grass blades, a-sparkle, tremble like old folks.
The sun still shines but so ripely that now only craft, slow and steady,
holds it aloft on the sky not to drop: it fears for its gold.
I too am slow and crafty in this crafty, slow radiance,
and I worry for you in the winter cold, the way firewood is worried;
blind worry about winter clothes ebbs and flows in your eyes
and as winter breath will be fogging its mirrors, so sleepy remorse
floods the blue radiance; on your lips the sentence drops off to sleep
and the kiss wakes up. Snow will come blackly with winter, the corners
of the wide autumn sky already are darkened, the steps of the hours
before dawn are already slippery with ice. Come then, fall asleep
under the long beards of night, and look, I'm your child but also
your man, your grown-up son and your lover, I'm ripe to share worries,
dead-earnest not only in poems. Soon we'll lie down and my night ear
will hear in the dark the beating of sleeping cares on your heart.
I listen, and I wait. And just as a young fledgling stork
learning to soar in autumn will teeter back and forth in the sky,
so I toss on the broad day-bed. And slowly the woes waft me off.
I take them all over, their measured beating puts me to sleep;
we drop off, two sharing the one concern. And until dreams catch us,
the autumn night's damp banner audibly, darkly, snaps.

     Élesd-Nagytelekmajor,
     28 September — 14 November 1942

KECSKÉK

A felhők fátylasodnak,
elejtik színüket már,
a fű között sötétül;
a kis gidák kövérlő
lágy teste még világít
s elválik a sötéttül.

Egy szürke kecske állong,
szőrén a fény kialszik,
szemén kigyúl az álom,
nagy tőgyén napsütötte
füvek hatalma duzzad
s túlnéz a langy karámon.

Feldobja ujra habját
az alkony és kilobban
az ég alján eredt vér;
virágot csíp ledéren
egy bak s kétlábra állván
a hold elé nevetgél.

GOATS

The clouds thin into veils,
their colors all have drained;
everywhere, grass darkens;
the young kids' plump and soft
bodies still give off light,
holding apart from the dark.

A gray goat standing aimless,
light dying off her pelt;
dreams flare when her eyes open;
the power of sun-baked grasses
is swelling her great udder;
she gazes beyond the pen.

Dusk tosses up its foam
again, and, bursting in flame
from under the clouds, blood's rising;
a randy billy-goat nips
the flowers; up on two legs,
he sniggers at the moonrise.

S mint szellem jár a másik,
vigyázva lép a gyepben,
mekeg s a hangja ében,
szakálla leng s csomóstul
apró, sötét golyókat
szór szerteszét az éjben.

Nagytelekmajor,
1942. november 12.

Another goat, like a ghost
pacing, steps neatly on the grass,
bleating in ebony,
it shakes its beard, and scatters
its tiny, scattershot, dark
pellets pell-mell on the evening.

Nagytelekmajor
12 November 1942

CSENDÉLET

A költő nincsen otthon,
de mégsem éri semmi kár.
Két könyv között a polcon
egy kígyó szundikál.
Az asztal lábánál szagos fatörzsre gondol
s kis térképet vizel
egy izgatott komondor.
A jámbor macska meg
vad kéjétől remeg
s lassan kidönti fönt egy üvegből szelíd
gazdája színezüst, hagymás heringeit.
Majd elmélázva ül sok kis gerinc felett,
a bűze mint egy vén, iszákos tengerészé.
S közben tenger helyett,
patak helyett csobog,
madár helyet csicsereg
a W.C.

1942 vége – 1943 eleje

STILL LIFE

The poet isn't home — he's out,
yet no harm's done, perhaps.
On the shelf, between two stout
volumes, a serpent naps.
To an excited sheepdog scout
the table-leg's a fragrant tree-trunk
and he pisses a little map with his downspout.
As for the placid cat, sunk
in mad lust, it has the shakes like a drunk,
and slowly tips over a bottle, up above,
spilling the pickled herring its gentle owner loves.
Later it sits, bemused, over many tiny spines
and stinks like a sodden old sailor home from the sea.
Meanwhile, in place of the brine
and instead of a brook burbling loud,
birds twittering, all that bunk —
is the W.C.

Late 1942 — early 1943

TÉTOVA ÓDA

Mióta készülök, hogy elmondjam neked
szerelmem rejtett csillagrendszerét;
egy képben csak talán, s csupán a lényegét.
De nyüzsgő s áradó vagy bennem mint a lét,
és néha meg olyan, oly biztos és örök,
mint kőben a megkövesült csigaház.
A holdtól cirmos éj mozdul fejem fölött
s zizzenve röppenő kis álmokat vadász.
S még mindig nem tudom elmondani neked,
mit is jelent az nékem, hogy ha dolgozom,
óvó tekinteted érzem kezem felett.
Hasonlat mit sem ér. Felötlik s eldobom.
És holnap az egészet ujra kezdem,
mert annyit érek én, amennyit ér a szó
versemben s mert ez addig izgat engem,
míg csont marad belőlem s néhány hajcsomó.
Fáradt vagy s én is érzem, hosszú volt a nap, —
mit mondjak még? a tárgyak összenéznek
s téged dicsérnek, zeng egy fél cukordarab
az asztalon és csöppje hull a méznek
s mint színarany golyó ragyog a teritőn,
s magától csendül egy üres vizespohár.
Boldog, mert véled él. S talán lesz még időm,
hogy elmondjam milyen, mikor jöttödre vár.

TENTATIVE ODE

How long have I been preparing to describe to you
the hidden star-system of my love, its persistence;
perhaps in only a picture, and only its essence.
But you're as teeming and flooding in me as existence,
as eternal, sometimes, with what you are certain of
as a snail housed in its shell that has petrified.
The night, moon-streaked, celestial, makes its move
overhead, and hunts small dreams that buzz, dart outside
and in. And still I can't describe
what it means to me, if, when I'm at my work,
I feel your watchful gaze above my hand, a guide.
Similes? — useless! I toss them out, they irk
me so! And tomorrow I start it all over again,
because I'm only worth as much as the words are
in my poems, and since this excitement will remain
as long as a bone in my body remains, and a few clumps of hair.
You're tired, and I too feel the day was long —
what else should I say? Household objects look at each other
and praise you: half a lump of sugar sings a song
on the table, a drop of honey falls, and another,
on the tablecloth, each gleaming like a ball of pure gold,
and an empty water glass rings out by itself:
all happy because they live with you. You can still be told
what it's like for them awaiting your arrival, each a patient self.

Az álom hullongó sötétje meg-megérint,
elszáll, majd visszatér a homlokodra,
álmos szemed búcsúzva még felémint,
hajad kibomlik, szétterül lobogva,
s elalszol. Pillád hosszú árnya lebben.
Kezed párnámra hull, elalvó nyírfaág,
de benned alszom én is, nem vagy mas világ.
S idáig hallom én, hogy változik a sok
rejtelmes, vékony, bölcs vonal

                              hűs tenyeredben.

1943. május 26.

Dream's darkness drifting down brushes now and again
on you, floats away, then settles on your forehead,
once more your sleepy eyes wave goodbye to me, then
your hair comes loose and spreads out across the bed,
and you fall asleep, the long shadows of your lashes fluttery.
Your hand drops onto my pillow, a birch branch going to sleep,
but I also sleep within you: you are the only world I keep.
And I can hear all the way here, how the many cryptic,
thin, wise lines in your cool palm
                                        are changing utterly.

26 May 1943

PÁRIS

A Boulevard St Michel s a Rue
Cujas sarkán egy kissé lejt a járda.
Nem hagytalak el gyönyörű
vad ifjuságom, hangod mintha tárna
visszhangzana, szivemben szól ma még.
A Rue Monsieur le Prince sarkán lakott a pék.

S balról, a park nagy fái közt
az egyik úgy sárgált az égre, mintha
előre látná már az őszt.
Szabadság, hosszucombu drága nimfa,
aranyló alkonyatba öltözött,
bujkálsz-e még a fátylas fák között?

Mint hadsereg vonult a nyár,
port vert az úton és dobolva izzadt,
hűs pára szállt utána már
s kétoldalt szerteszét lengett az illat.
Délben még nyár volt s délután esős
homlokkal vendégségbe jött az édes ősz.

PARIS

Where Boulevard St. Michel crosses la Rue
Cujas, the sidewalk slopes a little bit.
My rich, wild youth, I've not abandoned you,
your voice rises up to me as from a pit,
still speaks to me so many ages since.
The baker lived on the corner of Monsieur le Prince.

And in the Luxembourg, one great
tree reached, yellowed the sky, as if it caught
Autumn already walking through the gate.
Liberty, long-limbed nymph, dear-loved, and sought,
clothed in dusk's glowing gold epiphanies,
do you still creep between the concealing trees?

Like an army, Summer marched ahead,
pounded the road-dust, sweated to its drumming,
but cool dew rose behind and spread
to both sides; the scent wafted, going, coming.
At noon it still was summer; after noon
sweet Autumn came, rain-faced, a guest who would stay, soon.

Úgy éltem akkor, mint gyerek,

kedvemre, s úgy is, mint tudóskodó

öreg, ki tudja már: a föld kerek.

Zöld voltam még s szakállam mint a hó.

Sétáltam és kinek volt gondja rá?

Később leszálltam én a forró föld alá.

Hol vagytok ó, felzéngő állomások:

CHÂTELET-CITÉ-ST MICHEL-ODÉON!

s DENFERT-ROCHEREAU – úgy hangzol mint egy átok.

Térkép virágzott foltos nagy falon:

Hol vagytok ó! – kiáltok. Hallgatózom.

És zúgni kezd a testszag és az ózon.

S az éjszakák! az éji vándorút

a végekről a Quartier felé!

Páris felett a furcsán elborult

hajnal mégegyszer felszürkéllik-é

mikor a versírástól részegen

és félig alva már aludni vetkezem?

My life then, childhood founded,
was all for pleasure, but also I was old,
a scholar: one who knew the world is rounded.
I was still green, and my beard was snowy cold.
Whose concern was it? I strolled from street to street.
Later I dropped into the underground's heat.

O where are you, rich-sounding station names?
CHATELET – CITÉ – ODÉON – ST MICHEL!
and DENFERT-ROCHEREAU – like double damns.
The route map flowered on the wide, filthy wall:
O where are you? I shout. Then listen for what was.
And the body odors and ozone begin to buzz.

And the nights! The night-time's nomad wandering
from all directions back to the Quartier!
Spilled strangely across Paris, does the dawn
still break, the light looming above it, gray,
when, drunk on writing verses, half-asleep
already, I undress to go to sleep?

Ó, visszatérni, tűnő életem
nehéz sodrából lesz-e még erőm?
A lent bűzölgő olcsó étterem
macskája párzott fönt a háztetőn.
Hogy nyávogott! Mégegyszer hallom-é?
Akkor tanultam meg, hogy hajdanán milyen
ricsajban úszhatott a hold alatt Noé.

1943. augusztus 14.

O, will I have the strength left to come back,
swept away in the riptide of my life?
From the stinking greasy spoon downstairs, the cat
was copulating all night on the roof.
How it yowled! Will I hear it, late or soon?
That's when I learned what an unearthly racket
Old Noah sailed in under his long-gone moon.

14 August 1943

NEM TUDHATOM...

Nem tudhatom, hogy másnak e tájék mit jelent,
nekem szülőhazám itt e lángoktól ölelt
kis ország, messzeringó gyerekkorom világa.
Belőle nőttem én, mint fatörzsből gyönge ága
s remélem, testem is majd e földbe süpped el.
Itthon vagyok. S ha néha lábamhoz térdepel
egy-egy bokor, nevét is, virágát is tudom,
tudom, hogy merre mennek, kik mennek az uton,
s tudom, hogy mit jelenthet egy nyári alkonyon
a házfalakról csorgó, vöröslő fájdalom.
Ki gépen száll fölébe, annak térkép e táj,
s nem tudja, hol lakott itt Vörösmarty Mihály;
annak mit rejt e térkép? gyárat s vad laktanyát,
de nekem szöcskét, ökröt, tornyot, szelíd tanyát;
az gyárat lát a látcsőn és szántóföldeket,
míg én a dolgozót is, ki dolgáért remeg,
erdőt, füttyös gyümölcsöst, szöllőt és sírokat,
a sírok közt anyókát, ki halkan sírogat,
s mi föntről pusztitandó vasút, vagy gyárüzem,
az bakterház s a bakter előtte áll s üzen,
piros zászló kezében, körötte sok gyerek,
s a gyárak udvarában komondor hempereg;

I CAN'T TELL

I can't tell what this country may mean for any other,
but for me, this tiny nation embraced by flames is my mother,
now a far-away world set on fire, where she rocked me in childhood.
I grew out from it, like a weak branch from a tree in a wild wood.
And I hope my body will one day dissolve in this soil to mulch its growth.
I'm at home in it here. I know the name and the flower both
of whatever shrubby bush I find kneeling before my feet.
I know where they're off to along this road, the travelers I meet,
and I know what it may mean in summer, towards nightfall,
when anguish the color of blood runs down a house's wall.
To the bombardier in his plane climbing high, this land is a map,
and he doesn't know Vörösmarty lived where his bomb will drop.
What does this map reveal to him? Factories, barracks of wild men,
but not crickets, oxen, church steeples, gentle homesteads, children;
high up there through his bombsight he sees factories, arable lands,
while I see the laborer also, trembling for all he holds in his hands,
forests, and budding orchards, vineyards of grapes, and the graves;
between the rows of graves a shrunken old grandmother grieves,
and what from above is a railyard to bomb, or a manufacturing plant,
is a railway-watchman's hut, before which the watchman, signalling, stands,
waving his red flag while the children cluster around,
and in the factory courtyard Komondor dogs tumble and bound;

és ott a park, a régi szerelmek lábnyoma,

a csókok íze számban hol méz, hol áfonya,

s az iskolába menvén, a járda peremén,

hogy ne feleljek aznap, egy kőre léptem én,

ím itt e kő, de föntről e kő se látható,

nincs műszer, mellyel mindez jól megmutatható.

Hisz bűnösök vagyunk mi, akár a többi nép,

s tudjuk miben vétkeztünk, mikor, hol és mikép,

de élnek dolgozók itt, költők is bűntelen,

és csecsszopók, akikben megnő az értelem,

világít bennük, őrzik, sötét pincékbe bújva,

míg jelt nem ír hazánkra ujból a béke ujja,

s fojtott szavunkra majdan friss szóval ők felelnek.

Nagy szárnyadat borítsd ránk virrasztó éji felleg.

   1944. január 17.

over there in the park, where the lost lovers left their footprints,
I taste their kisses in my mouth: now honey, huckleberry, quince;
and one day walking to school, on purpose I stepped on a stone
on the footpath's curb, so that day I wouldn't be called on,
look! here's that stone: but from up there it too can't be seen,
all this is hidden from the instruments peering down from that machine.

But we are all sinners, just as other people always were,
and we know all the ways we have sinned, when and how and where,
but innocent workers live here, too — and poets also,
and babies at the breast, in whom reason grows as they grow,
an inner light which they guard, hidden in their cellars, in the dark,
until the finger of Peace writes its sign across our land in a sweeping arc,
and then they'll replace our strangled language with fresh words to sing.

Cover us, night clouds, as you keep watch, with your tremendous wing.

17 January 1944

GYEREKKOR

Már mozdulatlanul lapult az indián,
de izgalom szaladt még sziszegve fönt a fán,
s a szél forgatta még a puskaporszagot.
Egy megrémült levelén két vércsöpp csillogott,
s a törzsön szédelegve tornázott egy bogár.
Rézbőrü volt az alkony. És hősi a halál.

    1944. január 25.

CHILDHOOD

Already the Indian lay low, motionless,
but excitement still ran up the trees with a hiss,
and the smell of gunpowder on the wind still wrinkled.
Two drops of blood on a terrified leaf were sprinkled,
and a bug on the trunk did its dizzying exercise trick.
The dusk was copper-skinned. And death was heroic.

25 January 1944

NEM BÍRTA HÁT...

Dési Huber István emlékére

Nem bírta hát tovább a roncsolt szív s tüdő
a multat és e bomlott éveken
virrasztó gondokat, hitet, csalódást,
nem bírta más, csupán az értelem,

s az bírta volna még. De megszökött a test,
szived megállt, a festék megmeredt,
üres maradt a karton és a vászon,
kezed nem méláz már a lap felett;

árván maradt világod és világunk,
sötéten színes, fölmért s tág világ;
bivaly, ló, munkás, költő sír utánad
s a dési templom és a dési fák.

A sorsod ellenére voltál mester
és példakép. Hivő, igaz, okos;
a munkáló idő emel ma már;
hiába omlik rád sír földje most,

a dolgozók nehézkes népe feldobott, —
csodálatos roncsát a szörnyü tenger,
hű voltál hozzá s hozzád az kegyetlen,
de megtanul majd s többé nem felejt el.

SO HE COULDN'T BEAR IT...

to the memory of István Dési Huber

So the ravaged heart and lungs could bear no more
the past, and the convictions, the dawning cares,
and disillusionments of these unbalanced years;
nothing else could bear that which the intellect bears,

and would have borne it longer. But the body
fled, your heart stopped, and all the various uses
of paint and board and canvas remained empty;
above the surface, your hand no longer muses;

your world and our world, darkly colorful,
this broad and sized-up world are orphaned now;
water buffalo, horse, worker and poet cry for you,
and the church at Dés, and its trees, from trunk to bough.

Despite your fate, you were both master and
exemplar. A believer, true, and wise;
industrious time already raises you;
in vain the grave's earth drops to stop your rise:

the labored working class had tossed you up —
and the horrid sea made you its wondrous wreck,
you were true to it and it was cruel to you,
but it will learn of you and never forget.

S ha megtanult, úgy látja majd, ahogy te,
a külvárost, a tájat, társait;
mindegy, koporsót, korsót mond a kép,
vagy tűzfalat, mert minden arra int:

„Ember vigyázz, figyeld meg jól világod:
ez volt a múlt, emez a vad jelen, —
hordozd szivedben. Éld e rossz világot
és mindig tudd, hogy mit kell tenned érte,
    hogy más legyen."

        1944. február 29.

And when it's learned its lesson, it will see
like you, the city outskirts, country folk;
it's all one, say your pictured coffeepot,
coffin, or firewall; here's what these things spoke:

"People, take care, observe your worldscape well:
that was the past, and this is the wild present –
preserve it in your heart. Survive this ill
world's evil; know what you must do for it,
    that it may be more pleasant."

        29 February 1944

Ó, RÉGI BÖRTÖNÖK

Ó, régi börtönök nyugalma, szép
    és régimódi szenvedés, halál,
költőhalál, fennkölt és hősi kép,
    tagolt beszéd, mely hallgatót talál, –
mily messzi már. A semmiségbe lép,
    ki most mozdulni mer. A köd szitál.
A valóság, mint megrepedt cserép,
    nem tart már formát és csak arra vár,
hogy szétdobhassa rossz szilánkjait.
    Mi lesz most azzal, aki míg csak él,
    amíg csak élhet, formában beszél
s arról, mi van, – itélni így tanít.

    S tanítna még. De minden szétesett.
    Hát ül és néz. Mert semmit sem tehet.

    1944. március 27.

O, ANCIENT PRISONS

O, the calm of ancient prisons, lovely old-
    fashioned suffering, death, a poet's death
in high-flown and heroic images told,
    so clearly spoken it bates a listener's breath —
how distant that is now. One who's so bold
    as to budge, steps into the void. The dank fog wreathes
around him. Truth, or reality, will not hold
    its shape, a cracked pot waiting to give birth
to scattered useless clay shards when it breaches.
    What will become of one who stays alive
spouting clichés, in order to survive,
    about existence — judgment is what he teaches?

    And would keep teaching? Except now, all things fall
    apart. He sits and watches. Acts: not at all.

    27 March 1944

PAPÍRSZELETEK

Engedj

Engedj meghalnom, Édes!
És gyujts majd nagy tüzet, éhes
lángokkal égess meg! égess!
Engedj meghalnom, Édes!

    1941. április 20.

Virág

Most mentél el, öt perce sincs,
öt perce nem vagy már velem.

De látod, ez a szerelem,
ez a lidércláng, ez az ármány,
a karcsu képzelet

e fürtös vadvirága.
Most mentél el s már újra megcsodálnám

bokád fölött a drága
jólismert kék eret.

    1943. december 7.

PAPER SCRAPS

Allow Me

Allow me to die, my Sweet!
Then light a great fire; let its heat
and flames consume me, head to feet!
Allow me to die, my Sweet!

20 April 1941

Flower

You've just departed, not five minutes ago,
five minutes that you haven't been with me.

But this is love, you see.
This is the will-o'-the-wisp, the much ado,
this frizzly wildflower tangle,

withery and fantastic.
You've just departed and already I'd wonder anew
at the intimate, romantic
blue vein above your ankle.

7 December 1943

Kis nyelvtan

Én *én* vagyok magamnak
s néked én *te* vagyok,
s te *én* vagy magadnak,
két külön hatalom.
S ketten *mi* vagyunk.
De csak ha vállalom.

1943. március 12.

Tél

Hóbafagyott levelet
kaparász dideregve a szellő.
Duzzadt, mint tele zsák:
hóval telik ujra a felhő.
Nincsen csillag, a fák
feketéllő törzse hatalmas.
Megfagy az őz nyoma is.
Készül le a völgybe a farkas.

1944. február 4.

Halott

Hogy megnőtt a halott,
lábujja eléri az ágyfát.
Fekszik, mint aki most,
most érte el élete vágyát.

A Little Grammar

I am *I* to myself
and to you I am *you*,
and you are *I* to yourself,
separate powers — two.
And together we are *we*.
But only if I do what's due.

12 March 1943

Winter

The breeze scrapes over
the frozen leaves in the snow below.
Swollen like a full sack,
the cloud refills itself with snow.
No stars show; looming black,
the trunks of grand, impressive trees.
The deer tracks are frozen, too.
The wolves head down to the valley.

4 February 1944

Dead Body

How the dead body's grown,
his toes can reach the footboard.
He lies like one who now,
now has reached his desired reward.

Kisfiú

Ordít a napfényben.
Üstöke bronz, szeme láng.
Csak neki szolgál már
rég a fehér elefánt.

Hasonlat

Fázol? olyan vagy, mint
hóval teli bokron az árva madárfütty.

Mese

Csöndesen alszik a hegy
kicsi barlangjában a béke;
még csecsemőnyi csupán,
szelíd őz szoptatja naponta
s rejteni szép hálót
fon a pók a bejárat elébe.

Éjtszaka

Fekszik a test, de a sok
lebegő árny áll a falaknál.
Jár a zsebóra, mereng
a pohár víz, hallgat a naptár.

1944. március

Little Boy

He roars in the sunshine.
His hair is bronze, his eyes ablaze.
Long since, he's the only one
the white elephant still obeys.

Simile

Are you cold? You're just like
the orphan birdcall on a snow-covered shrub.

Tale

In the mountain's little cave,
Peace is softly sleeping in;
it's still a suckling babe:
a tame deer suckles it daily
and, to conceal it, a spider spins
across the entrance, a lovely web.

Night

The body lies down, but many
shades hover along the walls and wait.
The pocket-watch ticks, the glass
of water broods, the calendar's mute.

March 1944

Erdő

A lomb között arany kard,
    napfény zuhant át,
megsebzett egy fatörzset
s az halkan sírni kezdett
aranylófényü gyantát.

    1944.

Forest

A golden sword between the leaves,
    sunshine plummeted through,
piercing the trunk of a tree
which began to weep, softly,
golden-glowing drops of resin like dew.

    1944

ZSIVAJGÓ PÁLMAFÁN

Zsivajgó pálmafán
ülnék legszívesebben,
didergő földi testben
kuporgó égi lélek.

Tudós majmok körében
ülhetnék fenn a fán
és éles hangjuk fényes
záporként hullna rám;

tanulnám dallamuk
és velük zengenék,
csodálkoznék vidáman,
hogy orruk és faruk
egyforma kék.

És óriás nap égne
a megszállt fák felett,
s szégyenleném magam
az emberfaj helyett;

HIGH ON A ROISTEROUS PALM TREE

High on a roisterous palm
I would most happily perch,
a huddling soul on its search
in a shivering earthly body.

I'd sit companioned by all
the learned apes; and the loud bursts
of their piercing voices would fall
on me like sparkling cloudbursts.

I'd join their singing classes
and in harmony sing true;
I'd gaily speculate
why their noses and their asses
are a uniform shade of blue.

A gigantic Sun would burn
above the occupied trees,
and I'd be ashamed of myself
standing in for the human species.

a majmok értenének,
bennük még ép az elme, –
s talán ha köztük élnék,
nekem is megadatnék
a jó halál kegyelme.

1944. április 5.

The apes would understand me,
their reasoning's healthy and whole —
if I could be living among them,
I also might be given
a good death, merciful.

5 April 1944

SEM EMLÉK, SEM VARÁZSLAT

Eddig úgy ült a szívemben a sok, rejtett harag,
mint alma magházában a négerbarna mag,
és tudtam, hogy egy angyal kisér, kezében kard van,
mögöttem jár, vigyáz rám s megvéd, ha kell, a bajban.
De aki egyszer egy vad hajnalon arra ébred,
hogy minden összeomlott s elindul mint kisértet,
kis holmiát elhagyja s jóformán meztelen,
annak szép, könnyüléptű szivében megterem
az érett és tünődő kevésszavú alázat,
az másról szól, ha lázad, nem önnön érdekéről,
az már egy messzefénylő szabad jövő felé tör.

Semmim se volt s nem is lesz immár sosem nekem,
merengj el hát egy percre e gazdag életen;
szivemben nincs harag már, bosszú nem érdekel,
a világ ujraépül, — s bár tiltják énekem,
az új falak tövében felhangzik majd szavam;
magamban élem át már mindazt, mi hátravan,
nem nézek vissza többé s tudom, nem véd meg engem
sem emlék, sem varázslat, — baljós a menny felettem;
ha megpillantsz, barátom, fordulj el és legyints.
Hol azelőtt az angyal állt a karddal, —
talán most senki sincs.

      1944. április 30.

NEITHER MEMORY NOR MAGIC SPELLS

Till now, many hidden hatreds lay more and more
in my heart like the chestnut-brown seeds in an apple core,
and I knew that an angel went with me, sword unsheathed,
walked behind me, protecting, defending, in my times of need.
But he who once wakes up on a wild morning
to find everything fallen together, sets out without warning,
ghost-like, leaving his few goods behind, and, practically nude,
finds a ripe, laconic humility being brewed
in his lovely, light-footed, meditative heart;
such a one speaks of other things if he rebels, not of what he wants;
such a one moves already toward a future, free, shining, distant.

I neither had, nor shall I ever have, any longer lasting thing,
so I contemplate this rich life a moment while it is passing,
my heart holds no more anger or hatred; revenge has no place in it;
the world builds anew — and although I am banned from it,
my words will well up from the base of the new walls;
within myself I already feel what's to come, all in all,
I no longer look back, and I know neither magic spells nor memory
will defend me — the heavens loom, ominous, over me;
if you should glimpse me, friend, turn and wave me away.
Where before the angel was standing with sword unsheathed —
perhaps no-one now can stay.

30 April 1944

TÖREDÉK

Oly korban éltem én e földön,
mikor az ember úgy elaljasult,
hogy önként, kéjjel ölt, nemcsak parancsra,
s míg balhitekben hitt s tajtékozott téveteg,
befonták életét vad kényszerképzetek.

Oly korban éltem én e földön,
mikor besúgni érdem volt s a gyilkos,
az áruló, a rabló volt a hős, —
s ki néma volt netán s csak lelkesedni rest,
már azt is gyűlölték, akár a pestisest.

Oly korban éltem én e földön,
mikor ki szót emelt, az bujhatott,
s rághatta szégyenében ökleit, —
az ország megvadult s egy rémes végzeten
vigyorgott vértől és mocsoktól részegen.

Oly korban éltem én e földön,
mikor gyermeknek átok volt az anyja,
s az asszony boldog volt, ha elvetélt,
az élő írigylé a férges síri holtat,
míg habzott asztalán a sűrű méregoldat.

FRAGMENT

I lived on earth in an era such as this:
when human beings grew so degenerate
they killed with a will, a lust, not just on orders,
and while they believed these falsehoods, they foamed with error,
wild thoughts wove through their lives, netting their terror.

I lived on earth in an era such as this:
informers were honored, and the murderer,
the stool pigeon, or the thief was hailed as hero —
and one who perhaps said nothing, his allegiance unstated —
as if he carried the plague, was already hated.

I lived on earth in an era such as this:
when one who spoke frankly had to remain in hiding
and chew on his fists in shame to stay alive —
the nation ran amok, grinning, drunk on blood
and its filthy fate washed over it in a flood.

I lived on earth in an era such as this:
when a mother was a curse to her own children,
and a woman was happy only when she aborted,
the living envied the worm-consumed corpse, untroubled,
and the poison potion on their table foamed and bubbled.

....

Oly korban éltem én e földön,

mikor a költő is csak hallgatott,

és várta, hogy talán megszólal ujra —

mert méltó átkot itt úgysem mondhatna más, —

a rettentő szavak tudósa, Ésaiás.

....

1944. május 19.

....

I lived on earth in an era such as this:
when the poet, too, simply kept his mouth shut,
and waited until he might speak up again —
for no-one else could utter a worthy curse,
but Isaiah, that genius of terrifying words.

....

    19 May 1944

SZÁLL A TAVASZ...

Előhang az Eclogákhoz

Csúszik a jég a folyón, foltosra sötétül a part is,
olvad a hó, a nyulak meg az őzek lábnyomán már
kis pocsolyákban a nap csecsemőnyi sugára lubickol.
Száll a tavasz kibomolt hajjal, heverő hegyek ormán,
tárnák mélyein és a vakondok túrta lyukakban,
fák gyökerén fut, a rügy gyöngéd hónalja tövében,
s csiklandós levelek szárán pihen és tovaszáguld.
S szerte a réten, a domb fodrán, fodros tavakon kék
    lánggal lobban az ég.

Száll a tavasz kibomolt hajjal, de a régi szabadság
angyala nem száll már vele, alszik a mélyben, a sárga
sárba fagyottan, alélt gyökerek közt fekszik aléltan,
nem lát fényt odalent, sem a cserjén pöndörödő kis
zöld levelek hadait nem látja, hiába! nem ébred.
Rab. S a rabok feketén gyürüző vad bánata csobban
álmaiban s föld és fagyos éj nehezült a szivére.
Álmodik és mellét nem emelgeti sóhaja sem még,
    lent nem pattan a jég.

SPRING WAKENS...

Prelude to the Eclogues

Ice-blocks are gliding downriver, and the white banks are darkening, as well;
snow, melting, fills the tracks of roebucks and hares, and already
the sun's baby rays are splashing in their little puddles.
Spring wakens with messy hair and rises on the sleeping peaks;
and down deep in the mineshafts and where the moles have burrowed
she races along the tree-roots and the hollows of the buds' soft axils,
she rests on the ticklish leaf-stalks, then dashes on at top speed.
On the meadow, the rippling hills, and rippled lakes, the same:
    the sky bursts into blue flame.

Spring wakens with messy hair, but the angel of ancient Liberty
no longer wakens with her; he sleeps in the deep, yellow mud,
frozen; he lies unconsciously among the unconscious roots;
he sees no light down below; nor the little green leaves
battling, as they open on bushes: no use! He doesn't wake.
He's captive. And enslaved, black, wild, encircling grief laps
in his dreams, and earth and freezing night weigh down his heart.
He dreams and his chest doesn't rise yet, its sighs are unspoken;
    down there the ice has not broken.

Néma gyökér kiabálj, levelek kiabáljatok éles
hangon, tajtékozó kutya zengi, csapkodd a habot, hal!
rázd a sörényed, ló! bömbölj bika, ríjj patak ágya!
ébredj már aluvó!

1942. április 11.

Shout out, silent roots! Shout out, you leaves, in a piercing voice!
Howl, rabid, frothing hound! Lash the surface, fish!
Horse, toss your mane! Bellow, bull; creek-bed, wail!
    Sleeper, wake up! Now!

    11 April 1942

ELSŐ ECLOGA

Quippe ubi fas versum atque nefas: tot bella per orbem,
tam multae scelerium facies:...

Vergilius

Pásztor

Régen láttalak erre, kicsalt a rigók szavak végre?

Költő

Hallgatom, úgy teli zajjal az erdő, itt a tavasz már!

Pásztor

Nem tavasz ez még, játszik az ég, nézd csak meg a tócsát,
most lágyan mosolyog, de ha éjszaka fagy köti tükrét
rádvicsorít! mert április ez, sose higgy a bolondnak, —
már elfagytak egészen amott a kicsiny tulipánok.
Mért vagy olyan szomorú? nem akarsz ideülni a kőre?

Költő

Még szomorú se vagyok, megszoktam e szörnyü világot
annyira, hogy már néha nem is fáj, — undorodom csak.

FIRST ECLOGUE

Quippe ubi fas versum atque nefas: tot bella per orbem,
tam multae scelerium facies:...

Virgil

Shepherd

Haven't seen you for ages: did the blackbirds' bickering lure you out?

Poet

I hear it: the woods are so noisy, now that Spring is already here.

Shepherd

No, not Spring yet; the sky plays tricks on us: look at the pond,
it's smiling softly now; let a night-freeze fasten its mirror,
and it scowls at you! It's April: don't listen to lunatics —
over there, already, the tiny tulips have frozen solid.
Why so sad? Don't you want to sit down over here on this rock?

Poet

I'm not even sad, I've gotten so used to this sickening world
that sometimes now it no longer hurts — I just feel disgusted.

Pásztor

Hallom, igaz, hogy a vad Pirenéusok ormain izzó
ágyucsövek feleselnek a vérbefagyott tetemek közt,
s medvék és katonák együtt menekülnek el onnan;
asszonyi had, gyerek és öreg összekötött batyuval fut
s földrehasal, ha fölötte keringeni kezd a halál és
annyi halott hever ott, hogy nincs aki eltakarítsa.
Azt hiszem, ismerted Federicót, elmenekült, mondd?

Költő

Nem menekült. Két éve megölték már Granadában.

Pásztor

Garcia Lorca halott! hogy senki se mondta nekem még!
Háboruról oly gyorsan iramlik a hír, s aki költő
így tünik el! hát nem gyászolta meg őt Európa?

Költő

Észre se vették. S jó, ha a szél a parázst kotorászva
tört sorokat lel a máglya helyén s megjegyzi magának.
Ennyi marad meg majd a kiváncsi utódnak a műből.

Shepherd

It's true, I hear, that on the wild Pyrenees' crests, red-hot
howitzer barrels retort back and forth among blood-frozen corpses,
and bears and soldiers pick up and flee those parts together;
it's a war for women: children and old folks with tied-up bundles
run and flop to the ground when death starts waltzing above them,
and so many dead are lying there, there's nobody left to clear them.
I think you knew Federico: tell me, did he get away?

Poet

He did not get away. In Granada two years ago they killed him.

Shepherd

García Lorca dead! But nobody even told me!
War news spreads like wildfire, yet this one who is a poet
vanishes just like that! Why, then: did Europe mourn him?

Poet

They paid no attention. So it's good if even the wind that scatters his ashes
picks up any fragments of lines from the pyre and heeds them itself.
That much of his work will remain for posterity's curiosity.

Pásztor

Nem menekült. Meghalt. Igaz is, hova futhat a költő?

Nem menekült el a drága Attila se, csak nemet intett

folyton e rendre, de mondd, ki siratja, hogy így belepusztult?

Hát te hogy élsz? visszhang jöhet-e szavaidra e korban?

Költő

Ágyudörej közt? Üszkösödő romok, árva faluk közt?

Írok azért, s úgy élek e kerge világ közepén, mint

ott az a tölgy él; tudja, kivágják, s rajta fehérlik

bár a kereszt, mely jelzi, hogy arra fog irtani holnap

már a favágó, – várja, de addig is új levelet hajt.

Jó neked, itt nyugalom van, ritka a farkas is erre,

s gyakran el is feleded, hogy a nyáj, amit őrzöl, a másé,

mert hisz a gazda se jött ide hónapok óta utánad.

Áldjon az ég, öreg este szakad rám, míg hazaérek,

alkonyi lepke lebeg már s pergeti szárnya ezüstjét.

1938.

Shepherd

He did not get away. He died. And true, where can a poet run?
Neither did dearest Attila flee, he just kept waving No
to the system; but tell me, who mourns him who died like this?
And how do you live? Can you hear your words echo in such an age?

Poet

In cannon-fire? glowing-embered ruins? villages orphaned?
All the same, I write, and live, amidst this world gone mad, like
that oak tree there: it lives, knowing they'll fell it, and though
it's already marked with the white cross that tells the woodcutter,
who's coming tomorrow, to drop it — it waits, but till then sprouts new leaves.
You've a good life here — all's calm and wolves are rare in the neighborhood,
and often you even forget that the flock you guard isn't yours,
because, after all, it's been months since the owner came checking on you.
God bless you; primeval night bears down; when I reach home,
the dusk moth will hover already and its wings sprinkle silver.

1938

MÁSODIK ECLOGA

Repülő

Jó messzi jártunk éjjel, dühömben már nevettem,
méhrajként zümmögött a sok vadász felettem,
a védelem erős volt, hogy lődöztek barátom,
míg végül új rajunk feltünt a láthatáron.
Kis híja volt s leszednek s lenn összesöprögetnek,
de visszajöttem nézd! és holnap újra retteg
s pincébe bú előlem a gyáva Európa...
no hagyjuk már, elég! Irtál-e tegnap óta?

Költő

Irtam, mit is tehetek? A költő ír, a macska
miákol és az eb vonít s a kis halacska
ikrat ürít kacéran. Mindent megírok én,
akár neked, hogy fönn is tudd, hogy' élek én,
mikor a robbanó és beomló házsorok
között a véreres hold fénye támolyog
és feltüremlenek mind, rémülten a terek,
a lélekzet megáll, az ég is émelyeg
s a gépek egyre jönnek, eltünnek s ujra mint
a hörgő őrület lecsapnak ujra mind!

SECOND ECLOGUE

Airman

A damned long flight last night; fury drove me to laughter;
like a bee-swarm above me, the cloud of fighters came buzzing after;
the enemy defense was strong: how they fired at us, my friend! —
until we saw in the offing a new squadron — ours — ascend.
Still, it was touch and go, they downed some of us and swept up below,
but look! We'll be back! And cowardly Europe tomorrow
will tremble again, and burrow from me into basement hideaways...
but enough of that! Have you written anything since yesterday?

Poet

I wrote; what else can I do? The poet writes, the cat
meows, the hound-dog howls, and the little female sprat
deposits its roe flirtatiously. I write down everything
perhaps for you, so you'll know, up there, how I cling
to life, when the blood-veined moon's light lurches between
the rows of houses exploding and leaning in,
and the Squares all buckling, absolutely terrified;
the breath stops, and even the sky feels nauseous inside,
and the aircraft keep coming, fly out of sight, come again, like
the drone of insanity, and again all goes down that they strike!

Irok, mit is tehetnék. S egy vers milyen veszélyes,
ha tudnád, egy sor is mily kényes és szeszélyes,
mert bátorság ez is, lásd, a költő ír, a macska
miákol és az eb vonít s a kis halacska –
s a többi... És te mit tudsz? Semmit! csak hallgatod
a gépet s zúg füled, hogy most nem hallhatod;
ne is tagadd, barátod! és összenőtt veled.
Miről gondolkodol, míg szállsz fejünk felett?

Repülő

Nevess ki. Félek ott fönn. S a kedvesemre vágyom
s lehunyva két szemem, heverni lenn egy ágyon.
Vagy csak dudolni róla, fogom közt szűrve, halkan,
a kantinmélyi vad és gőzös zűrzavarban.
Ha fönn vagyok, lejönnék! s lenn ujra szállni vágyom,
nincs nékem már helyem e nékem gyúrt világon.
S a gépet is, tudom jól, túlzottan megszerettem,
igaz, de egy ütemre fájunk fönn mind a ketten...
De hisz tudod! s megírod! és nem lesz majd titok,
emberként éltem én, ki most csak pusztitok,
ég s föld között hazátlan. De jaj, ki érti meg...
Irsz rólam?

Költő

Hogyha élek. S ha lesz még majd kinek.

1941. április 27.

I write, what else can I do? And how dangerous is poetry,
if you only knew: how finicky, moody, a line can be —
for this takes courage too, you know: the poet writes, the cat
meows, the hound-dog howls, and the little female sprat —
and so forth... And what do you know? Nothing! You try to hear
your engine but you can't, for the ringing in your ears;
don't even attempt to deny it's your best friend! You've bonded together.
What do you think about, soaring above our heads and our weather?

Airman

Sure, laugh at me: I'm afraid up there. And I long for my dear one,
to close my eyes, to lie on a bed down there, holding her near me;
or just to be humming about her, whistling quietly between
my teeth in the wild and steamy hubbub of the canteen.
When I'm up there, I want to come down! And down here, I'm longing to soar.
There isn't a place in this world that is molded for me any more.
And I know all too well, I've fallen too deeply in love with the plane,
true; but up there, in a single beat, we both feel the pain...
But surely you know! And you'll write it down! To be secret no more,
that I lived as a human being, who now only destroys, who makes war,
homeless between sky and earth. But ah, who will ever heed it?...
Will you write about me?

Poet
If I live. And if anyone's there still to read it.

27 April 1941

HARMADIK ECLOGA

Pásztori Múzsám, légy velem itt, bár most csak egy álmos
kávéházban ülök, odakinn fut a fény, a mezőkön
némán túr a vakond, kis púpjai nőnek a földnek
és széptestü, fehérfogu barna halászok alusznak
hajnali munka után a halas ladikok sikos alján.

Pásztori Múzsám, légy velem itt a városi berken,
hét ügynök ricsajoz, de e hét se riasson el innen,
most is, hidd el, a gond üli szívüket, árva legények...
s nézd azokat jobbról, mind jogtudor és furulyázni
nem tud ugyan közölük már senki, de hogy szivaroznak!

Légy velem itt! Tanitok s két óra között berohantam
elmélkedni a füst szárnyán a csodás szerelemről.
Mint a kiszáradt fát egy kancsali, csöppnyi madárfütty
ujraszül, azt hittem s fölemelt a magasba, az ifju
régi tetőkre, a vágy kamaszos vadonába röpített.

Pásztori Múzsa, segíts! Most róla rikoltanak a hajnal
kürtjei mind! párás teli hangon zengik alakját,
hogy süt a teste, szemén hogy villan a nyurga mosolygás,
ajkán táncos, okos léptekkel hogy jön a sóhaj,
hogy mozdul, hogy ölel, hogy nézi a holdat az égen!

THIRD ECLOGUE

My pastoral Muse, be with me, though I sit now in a sleepy
coffee house, while out there the sunlight streams, the mole
burrows mutely in meadows as its little pups grow underneath,
and handsome, white-toothed, brown-tanned fishermen sleep,
after working since dawn, on the slick floorboards of their punts.

My pastoral Muse, be with me here at the edge of town;
seven brokers are making a ruckus, but they won't fly off in alarm:
believe me, even now worries weigh on their hearts, poor lads...
and look more closely, all of those doctors of law and not one
can play the flute any more: but how they can smoke those cigars!

Be with me here! I teach, and between two classes dashed in
to philosophize, on wings of smoke, on the wonders of Eros.
Like the dried-up tree that one cockeyed drop of birdsong
revives, so I felt, lifted up to the heights, to the old
peaks of youth, carried back to wild adolescent desire.

Pastoral Muse, help me! Now the dawn's horns all shout about her!
In a humid wintry voice they blare and they laud her figure,
how her body glows, how the svelte smile glints in her eyes,
how, dancing with clever steps, on her mouth there emerges the sigh;
how she moves, how she makes love, how she watches the moon in the sky!

Pásztori Múzsa, segíts! szerelemről zengjem a dalt már,
karmol folyton a bú, új fájdalom űz a világban,
mindig, újra csak új! elpusztulok itt hamar én is.
Görbén nőnek a fák, sóbányák szája beomlik,
falban a tégla sikolt; így álmodom én, ha elalszom.

Pásztori Múzsa, segíts! úgy halnak e korban a költők...
csak ránkomlik az ég, nem jelzi halom porainkat,
sem nemesívű szép, görög urna nem őrzi, de egy-két
versünk hogyha marad... szerelemről írhatok én még?
Csillog a teste felém, ó pásztori Múzsa, segíts hát!

1941. június 21.

Pastoral Muse, help! Let me bray the song of love's wonders;
sadness claws at me constantly, new pain harries me in the world,
always and newly, only new! I too will perish here quickly.
The trees grow twistedly, open-mouthed salt-mines collapse,
the brick screams in its wall: this I dream when I fall asleep.

Pastoral Muse, help me! That's how poets die in this age!...
the heavens simply fall in on us; no burial mound for our ashes,
nor any nobly curved Grecian urn to protect them, but if one
or two of our poems remain... may I still write about Eros?
Her body glimmers toward me; therefore, help me, O pastoral Muse!

21 June 1941

NEGYEDIK ECLOGA

Költő

Kérdeztél volna csak magzat koromban...
Ó tudtam, tudtam én!
Üvöltöttem, nem kell a világ! goromba!
tompán csap rám a sötét és vág engem a fény!
És megmaradtam. A fejem rég kemény.
S tüdőm erősödött csak, hogy annyit bőgtem én.

A Hang

S a vörheny és a kanyaró
vörös hullámai mind partradobtak.
Egyszer el akart nyelni, — aztán kiköpött a tó.
Mit gondolsz, miért vett mégis karjára az idő?
S a szív, a máj, a szárnyas két tüdő,
a lucskos és rejtelmes gépezet
hogy szolgál... ó miért? a rettenő virág
nem nyílik még husodban tán a rák.

Költő

Születtem. Tiltakoztam. S mégis itt vagyok.
Felnőttem. S kérdezed: miért? hát nem tudom.
Szabad szerettem volna lenni mindig
s örök kisértek végig az uton.

FOURTH ECLOGUE

Poet

If only you'd asked me when I was an embryo...
O, I knew, I knew!
I yelled, I don't want the surly world! I don't want to go!
The dark laps me softly but the light cuts me through!
And I stayed. Long since, I've grown hard-headed, too.
And my lungs grew strong, thanks to wailing until I turned blue.

The Voice

And the measles and the red wave
of scarlet fever all cast you back on the shore.
One time the lake tried to swallow you but spat you out: you were saved.
Why do you think Time nonetheless took you up in its arms?
And gave you your liver and two winged lungs, your heart,
all this slimy and mysterious machinery:
how do they serve you... oh, why? The frightful flowering
hasn't yet begun in your flesh; maybe cancer is cowering.

Poet

I was born. I protested. And nonetheless, here I am.
I grew up. And you ask me: why? Well, I haven't a hint.
I would have liked to be always free
yet they accompanied me wherever I went.

A Hang

Jártál szellőtől fényes csúcsokon,
s láttál, ha este jött, a hegyre töppedt
bokrok közt térdepelni egy jámbor őz-sutát;
láttál napfényben álló fatörzsön gyantacsöppet,
s mezítelen ifjú asszonyt folyóból partra lépni
s egyszer kezedre szállt egy nagy szarvasbogár...

Költő

Rabságból ezt se látni már.
Hegy lettem volna, vagy növény, madár...
vigasztaló, pillangó gondolat,
tünö istenkedés. Segíts szabadság,
ó hadd leljem meg végre honnomat!

A csúcsot ujra, erdőt, asszonyt és bokrokat,
a lélek szélben égő szárnyait!
És megszületni ujra új világra,
mikor arany gőzök közül vakít
s új hajnalokra kél a nap világa.

Még csönd van, csönd, de már a vihar lehell,
érett gyümölcsök ingnak az ágakon.
A lepkét könnyü szél sodorja, száll.
A fák között már fuvall a halál.

The Voice

You walked on mountain peaks that were brightened by wind
and saw, with night coming on, among the brush
that cloaks the mountainsides, a meek doe kneel;
you saw a droplet of resin glow on a sun-drenched tree-trunk
and a nude young woman step from a river onto its bank,
and once a giant stag-beetle alit on your palm's heel.

Poet

You can't see that any more from this captive land.
If only I could have been a mountain, bird, or plant...
an encouraging thought as light as a butterfly:
vainglorious illusion. Freedom, help me! It would be grand
to be seeing my native country again, at last:

The peaks, the bushes and forest, no more in the past,
the wind burning the soul's wings!
And to be born anew into a new world,
when the sun amid golden vapors is blinding
and rises in new dawns into the world.

It's quiet still, quiet, but the storm is already breathing,
ripe fruit sways on the branches.
The butterfly whirls and soars on a breeze's breath.
Wafting between the trees already is Death.

És már tudom, halálra érek én is,
emelt s leejt a hullámzó idő;
rab voltam és magányom lassan
növekszik, mint a hold karéja nő.

Szabad leszek, a föld feloldoz,
s az összetört világ a föld felett
lassan lobog. Az írótáblák elrepedtek.
Szállj fel, te súlyos szárnyú képzelet!

A Hang
Ring a gyümölcs, lehull, ha megérik;
elnyugtat majd a mély, emlékkel teli föld.
De haragod füstje még szálljon az égig,
s az égre írj, ha minden összetört!

1943. március 15.

And I already know: I'm ripening toward death as well,
the waves of Time raised me and let me drop;
I was a captive and slowly my solitude
grows, like the waxing moon's crescent, and will not stop.

I shall be free, the earth gives me absolution,
and the pulverized world above ground
floats lazily. The writing desks are cracked asunder.
Soar away, you heavy-winged fantasy, unbound!

The Voice
The fruit sways and falls when it ripens;
soon the earth, deep with memories, will comfort you.
But let your anger's smoke still rise to high heaven,
and write on the sky when all has been broken in two!

15 March 1943

ÖTÖDIK ECLOGA

Töredék

Bálint György emlékére

Drága barátom, hogy dideregtem e vers hidegétől,
hogy rettegtem a szót, ma is elmenekültem előle.
Félsorokat róttam.
        Másról, másról igyekeztem
írni, hiába! az éj, ez a rémes, rejtekező éj
rámszól: róla beszélj.
        És felriadok, de a hang már
hallgat, akár odakint Ukrajna mezőin a holtak.
Eltüntél.
        S ez az ősz se hozott hírt rólad.
        Az erdőn
ujra suhog ma a tél vad jóslata, húznak a súlyos
fellegek és hóval teli ujra megállnak az égen.
Élsz-e, ki tudja?
        Ma már én sem tudom, én se dühöngök,
hogyha legyintenek és fájdalmasan elfödik arcuk.
S nem tudnak semmit.
        De te élsz? csak megsebesültél?
Jársz az avarban az erdei sár sűrü illata közt, vagy
illat vagy magad is?
        Már szálldos a hó a mezőkön.
Eltünt, — koppan a hír.
        És dobban, dermed a szív bent.

FIFTH ECLOGUE

Fragment

in memory of György Bálint

My dear friend, how this poem's cold made me shiver,
how the word made me tremble: and today I wanted to flee it.
I scribbled half-lines.
                              Tried writing about something else,
anything else: no use! The night, frightful, concealing,
implores me: Speak of him.
                              I startle awake, but the voice
is already silent, like the dead out on the meadows of the Ukraine.
You're missing.
                    And this autumn brought no news, either.
                                                In the woods,
winter's wild prophecy whispers again; heavy clouds
pull across the sky and, full of snow, they stop.
Are you alive: who knows?
                              Today even I don't know any more, nor rage
when they wave me off and cover their pain-racked faces.
And they know nothing.
                    But are you alive? only wounded?
Do you walk in the forest floor's litter, the thick scent of mud, or
Are you yourself now only a scent?
                              Snow sprinkles the meadows.
Missing in action — the news hits.
                              And my heart palpitates, then grows numb.

Két bordám közt már feszülő, rossz fájdalom ébred,
reszket ilyenkor s emlékemben oly élesen élnek
régmondott szavaid s úgy érzem testi valódat,
mint a halottakét —

Mégsem tudok írni ma rólad!

1943. november 21.

A sharp, bitter pain awakens at once in my ribs:
at such times I tremble and words you spoke long ago live
so sharp in my memory and the sense of your body's so real,
like that of the dead —

And still I can't write about you!

21 November 1943

HETEDIK ECLOGA

Látod-e, esteledik s a szögesdróttal beszegett, vad
tölgykerítés, barak oly lebegő, felszívja az este.
Rabságunk keretét elereszti a lassu tekintet
és csak az ész, csak az ész, az tudja, a drót feszülését.
Látod-e drága, a képzelet itt, az is így szabadul csak,
megtöretett testünket az álom, a szép szabadító
oldja fel és a fogolytábor hazaindul ilyenkor.
Rongyosan és kopaszon, horkolva repülnek a foglyok,
Szerbia vak tetejéről búvó otthoni tájra.
Búvó otthoni táj! Ó, megvan-e még az az otthon?
Bomba sem érte talán? s van, mint amikor bevonultunk?
És aki jobbra nyöszörög, aki balra hever, hazatér-e?
Mondd, van-e ott haza még, ahol értik e hexametert is?

Ékezetek nélkül, csak sort sor alá tapogatva,
úgy irom itt a homályban a verset, mint ahogy élek,
vaksin, hernyóként araszolgatván a papíron;
zseblámpát, könyvet, mindent elvettek a Lager
őrei s posta se jön, köd száll le csupán barakunkra.

Rémhirek és férgek közt él itt francia, lengyel,
hangos olasz, szakadár szerb, méla zsidó a hegyekben,
szétdarabolt, lázas test s mégis egy életet él itt, —
jóhírt vár, szép asszonyi szót, szabad emberi sorsot,
s várja a véget, a sűrü homályba bukót, a csodákat.

SEVENTH ECLOGUE

Do you see? Dusk falls and the wild oak fence, bordered by barbed
wire, and the barracks, seem to hover: the night absorbs them.
The slow gaze lets loose of our captivity's border
and only the mind, only the mind conceives how tense is the wire.
Do you see, dear? Here too, only the imagination escapes life like this;
dreaming, the beautiful liberator, dissolves our broken bodies
and at such times the prison camp sets out toward home.
Ragged and balding, snoring, the captives fly away free
from Serbia's blind rooftop to the hidden landscape of home.
Hidden landscape of home! O, does that home still exist?
Perhaps no bomb has touched it? And does it exist, as when we made it ours?
And the ones who grunt to my right, or lie to my left: will they make it home?
Tell me, is a home still there, where they'll understand this hexameter?

Without accent marks, just line under line by feel:
That's how I write the poem in the semi-darkness: like I live,
purblind, worming my way across the page like a caterpillar;
flashlights, books: the *Lager* guards have taken everything,
and no mail comes, either: only the fog settles on our barracks.

Amid frightening rumors and worms, here in the mountains are living
French, Polish, noisy Italians, schismatic Serbs, pensive Jews,
a fevered, disjointed body, and yet they live one life here —
waiting for good news, a pretty woman's word, a free human fate,
and waiting for the end, a plunge into thick darkness, or miracles.

Fekszem a deszkán, férgek közt fogoly állat, a bolhák
ostroma meg-megujúl, de a légysereg elnyugodott már.
Este van, egy nappal rövidebb, lásd, ujra a fogság
és egy nappal az élet is. Alszik a tábor. A tájra
rásüt a hold s fényében a drótok ujra feszülnek,
s látni az ablakon át, hogy a fegyveres őrszemek árnya
lépdel a falra vetődve az éjszaka hangjai közben.

Alszik a tábor, látod-e drága, suhognak az álmok,
horkan a felriadó, megfordul a szűk helyen és már
ujra elalszik s fénylik az arca. Csak én ülök ébren,
féligszitt cigarettát érzek a számban a csókod
íze helyett és nem jön az álom, az enyhetadó, mert
nem tudok én meghalni se, élni se nélküled immár.

Lager Heidenau, Žagubica fölött a hegyekben,
1944. július

I lie on the bed-board, a captive animal among worms; the fleas
renew their siege again, but the army of flies has calmed down.
It's night, and look, all at once our captivity's one day shorter,
and life is one day shorter too. The camp sleeps. The moon
shines on the landscape, the wires tense up again in its light,
and you can see through the window the sentries' shadows as they
are thrown on the wall, pacing amid the night-sounds.

Do you see, dear? — The camp is asleep, dreams are a-rustle:
one startles awake with a snort, turns over in his narrow bunk, and already
he sleeps again, his face glimmering. Only I sit awake,
tasting a half-smoked cigarette in my mouth in place of
the taste of your kiss, and dreaming, which gives relief, fails to come:
I no longer can either die, or live without you.

      Lager Heidenau, in the mountains above Žagubica
      July 1944

NYOLCADIK ECLOGA

Költő

Üdvözlégy, jól bírod e vad hegyi úton a járást
szép öregember. Szárny emel-e, avagy üldöz az ellen?
Szárny emel, indulat űz s a szemedből lobban a villám,
üdvözlégy agg férfiu, látom már, hogy a régi
nagyharagú próféták egyike vagy, de melyik, mondd?

Próféta

Hogy melyik-é? Náhum vagyok, Elkós városa szült és
zengtem a szót asszír Ninivé buja városa ellen,
zengtem az isteni szót, a harag teli zsákja valék én!

Költő

Ismerem ős dühödet, mert fennmaradott, amit írtál.

Próféta

Fennmaradott. De a bűn szaporább, mint annak előtte,
s hogy mi a célja az Úrnak, senkise tudja ma sem még.
Mert megmondta az Úr, hogy a bő folyamok kiapadnak,
hogy megroggyan a Kármel, a Básán és a Libanon
dísze lehervad, a hegy megrendül, a tűz elemészt majd
mindent. S úgy is lőn.

EIGHTH ECLOGUE

Poet

Greetings! You keep up the pace well on this rough mountain path,
handsome old man. Do wings lift you, or the enemy chase you?
Wings lift, and passions drive you: lightning flares from your eyes;
hail, agèd man, now I see you are one of the ancient
prophets of towering wrath; but tell me, which one?

Prophet

Which one? Nahum I am, son of the city of Elkosh; and
I thundered the Word against licentious Assyrian Nineveh,
I thundered the Word of the Lord, I became a sack full of fury!

Poet

I know of your ancient anger, for what you wrote has survived.

Prophet

It may have survived. But sin is more prolific than ever,
and no-one today yet knows what may be the Lord's purpose.
For the Lord foretold that the wide streams shall run dry,
that Carmel shall go under, the splendors of Bashan and Lebanon
shall wither, the mountain shall tremble, and finally fire shall consume
all. And so too shall it be.

Költő

Gyors nemzetek öldösik egymást,
s mint Ninivé úgy meztelenül le az emberi lélek.
Mit használtak a szózatok és a falánk, fene sáskák
zöld felhője mit ért? hisz az ember az állatok alja!
Falhoz verdesik itt is, amott is a pötty csecsemőket,
fáklya a templom tornya, kemence a ház, a lakója
megsűl benne, a gyártelepek fölszállnak a füstben.
Égő néppel az utca rohan, majd búgva elájul,
s fortyan a bomba nagy ágya, kiröppen a sulyos ereszték
s mint legelőkön a marhalepény, úgy megzsugorodva
szertehevernek a holtak a város térein, ismét
úgy lőn minden, ahogy te megírtad. Az ősi gomolyból
mondd, mi hozott most mégis e földre?

Próféta

A düh. Hogy az ember
ujra s azóta is árva az emberforma pogányok
hadseregében. — S látni szeretném ujra a bűnös
várak elestét s mint tanu szólni a kései kornak.

Költő

Már szóltál. S megmondta az Úr régen szavaidban,
hogy jaj a prédával teli várnak, ahol tetemekből
épül a bástya, de mondd, évezredek óta lehet, hogy
így él benned a düh? ilyen égi, konok lobogással?

Poet

Swiftly people set about killing each other,
like Nineveh, so the human soul wanders around stark naked.
What use the injunctions, and the ravenous, devilish locusts'
green clouds, seeing that humans are the basest of animals?
Here and there they go, dashing small infants against the wall,
the steeple turns into a torch, the house an oven, its dwellers
are roasted inside it, factories go up in smoke.
The street runs with burning people, then, wailing, faints dead away,
and the bomb's great bed groans, as its heavy load leaves the nest:
and like cow patties on a pasture, so the dead are lying in pieces,
shriveled up all across the city squares; and yet again
all comes to pass as you wrote it. Say, what has brought you
back to earth from the ancient mists?

Prophet

Fury, that the human
yet again and as always serves as an orphan in the army
of pagans in human form. — And I'd like to see once again the sinful
citadels defeated, and speak as a witness to these latter days.

Poet

You've spoken already. And the Lord said long ago in your words:
Woe to the citadels full of booty, where bastions are built
of corpses; but say, can it be after thousands of years that this
fury still lives in you? this heavenly, stubborn stirring?

Próféta

Hajdan az én torz számat is érintette, akárcsak
bölcs Izaiásét, szénnel az Úr, lebegő parazsával
úgy vallatta a szívem; a szén izzó, eleven volt,
angyal fogóval s: „nézd, imhol vagyok én, hívj
engem is el hirdetni igédet", – szóltam utána.
És akit egyszer az Úr elküldött, nincs kora annak,
s nincs nyugodalma, a szén, az az angyali, égeti ajkát.
S mennyi az Úrnak, mondd, ezer év? csak pille idő az!

Költő

Mily fiatal vagy atyám! irigyellek. Az én kis időmet
mérném szörnyü korodhoz? akár vadsodru patakban
gömbölyödő kavicsot, már koptat e röpke idő is.

Próféta

Csak hiszed. Ismerem újabb verseid. Éltet a méreg.
Próféták s költők dühe oly rokon, étek a népnek,
s innivaló! Élhetne belőle, ki élni akar, míg
eljön az ország, amit igért amaz ifjú tanítvány,
rabbi, ki bétöltötte a törvényt és szavainkat.
Jöjj hirdetni velem, hogy már közelít az az óra,
már születőben az ország. Hogy mi célja az Úrnak, –
kérdém? lásd az az ország. Útrakelünk, gyere, gyüjtsük
össze a népet, hozd feleséged s mess botokat már.
Vándornak jó társa a bot, nézd, add ide azt ott,
az legyen ott az enyém, mert jobb szeretem, ha göcsörtös.

Lager Heidenau, Žagubica fölött a hegyekben,
1944. augusztus 23.

Prophet

In the old days, the Lord touched even my misshapen mouth,
like wise Isaiah's, with coal, and with his ember suspended
He interrogated my heart; the red-hot coal was alive
and held by an angel, and: "Behold, wherever I am,
call me to proclaim your Word abroad," I called out to Him.
And whomever the Lord has once sent forth, he will never age,
and will have no repose: that angelic coal will burn his mouth.
And tell me, what are a thousand years to the Lord? But a butterfly's moment!

Poet

How young you look, father! I envy you. Would I compare my
short time to your venerable age? Like a pebble being rounded
by a swift creek's current, already this fleeting moment grinds me down.

Prophet

So you suppose. I know your recent poems. Rage gives you life.
The furies of prophets and poets are kindred, food and drink
for the people! Whoever wants to live, can live on them, until
the Kingdom arrives, which that youthful student promised,
the rabbi, who fulfilled the Law and the words of the Prophets.
Come proclaim it with me, that the hour already draws near,
the Kingdom is being born. What is the Lord's purpose? You ask —
Behold there the Kingdom. We set out on the journey; come, let us draw
the people together; bring your wife, cut your walking sticks.
The staff is a good companion for a wanderer. Look, give me that one,
let that one be mine, because I prefer one that's gnarled.

Lager Heidenau, in the mountains above Žagubica
23 August 1944

LEVÉL A HITVESHEZ

A mélyben néma, hallgató világok,
üvölt a csönd fülemben s felkiáltok,
de nem felelhet senki rá a távol,
a háborúba ájult Szerbiából
s te messze vagy. Hangod befonja álmom,
s szivemben nappal ujra megtalálom, –
hát hallgatok, míg zsong körém felállván
sok hűvös érintésü büszke páfrány.

Mikor láthatlak ujra, nem tudom már,
ki biztos voltál, súlyos, mint a zsoltár,
s szép mint a fény és oly szép mint az árnyék,
s kihez vakon, némán is eltalálnék,
most bujdokolsz a tájban és szememre
belülről lebbensz, így vetít az elme;
valóság voltál, álom lettél ujra,
kamaszkorom kútjába visszahulva

LETTER TO HIS WIFE

Speechless, silent worlds in my deepest deep,
in my ears the silence screams and I shout in my sleep,
but no-one can answer it from this much too far-
off corner of Serbia, fainted dead away in war,
and you are far-off, too. Your voice weaves through
my dream, and in daylight I discover it anew —
so I listen, silent, while the proud ferns, cool in the heat,
and numerous, rustle around, as I rise to my feet.

I no longer know when I can see you again,
you who were like a psalter, weighty and certain,
both lovely as light and lovely as shadow, to whom
I'd find my way, even struck blind and dumb;
now you are hiding in the landscape and now you flit
across my eyes from inside: the mind projects it,
what you really were, who've turned into a dream again,
I fall back in the well of my youth as I dreamed you then,

féltékenyen vallatlak, hogy szeretsz-e?
s hogy ifjuságom csúcsán, majdan, egyszer,
a hitvesem leszel, — remélem ujra
s az éber lét útjára visszahullva
tudom, hogy az vagy. Hitvesem s barátom, —
csak messze vagy. Túl három vad határon.
S már őszül is. Az ősz is ittfelejt még?
A csókjainkról élesebb az emlék;

csodákban hittem s napjuk elfeledtem,
bombázórajok húznak el felettem;
szemed kékjét csodáltam épp az égen,
de elborult s a bombák fönt a gépben
zuhanni vágytak. Ellenükre élek, —
s fogoly vagyok. Mindent, amit remélek
fölmértem s mégis eltalálok hozzád;
megjártam érted én a lélek hosszát, —

s országok útjait; bíbor parázson,
ha kell, zuhanó lángok közt varázslom
majd át magam, de mégis visszatérek;
ha kell, szívós leszek, mint fán a kéreg,
s a folytonos veszélyben, bajban élő
vad férfiak fegyvert s hatalmat érő
nyugalma nyugtat s mint egy hűvös hullám:
a 2 x 2 józansága hull rám.

Lager Heidenau, Žagubica fölött a hegyekben,
1944. augusztus — szeptember

jealously grilling you: do you love me? Speak.
And will you some day, while my youth's still at its peak,
become my wife? — Hopes again take up their stance
and, falling back onto the path of vigilance,
I know you are my partner for life, my friend,
but far off. Past where three wild borders end.
And Fall is already coming. Will Fall forget me here?
The memory of our kisses is sharp, and clear.

I believed in miracles; but in recent days, they're dead,
bomber squadrons are passing overhead;
staring up at the sky's blue, the blue of your eyes is returning,
but it clouded over and the bombs in the planes were yearning
to plunge. And yet in spite of them, I live,
and I am captive. All that I hope to receive
I've measured out, even how to find my way
to you; I've paced the length of the soul's highway

and the length of the nations' roads; on coals like Hell's,
if I must, amid toppling flames, and casting spells,
I'll make my way through; somehow I will break free;
if I must, I'll cling on as tight as bark to a tree,
and in constant dangers, against the weapon- and power-
wielding wild men, the serenity of their glower
calms, reassures me; as the cool waves cover me,
the soundness of 2 x 2 drifts over me.

> Lager Heidenau, in the mountains above Žagubica
> August — September 1944

GYÖKÉR

A gyökérben erő surran,
esőt iszik, földdel él,
és az álma hófehér.

Föld alól a föld fölé tör,
kúszik s ravasz a gyökér,
karja akár a kötél.

Gyökér karján féreg alszik,
gyökér lábán féreg ül,
a világ megférgesül.

De a gyökér tovább él lent,
nem érdekli a világ,
csak a lombbal teli ág.

Azt csodálja, táplálgatja,
küld neki jó ízeket,
édes, égi ízeket.

Gyökér vagyok magam is most,
férgek közt élek én,
ott készül e költemény.

ROOT

Power pulses through the root,
which drinks the rain, eats the earth,
and dreams its snow-white dream.

It tries to pry through underground,
the root slithers slyly up,
its arm might well be a rope.

On that root-arm a worm's asleep,
on its foot a worm is sitting,
the whole world's now worm-ridden.

But the root keeps alive down there,
heeding none of the world's show
but the leaf-laden branch bent low.

That's what it admires, and feeds,
sending it up good flavors,
sweet and heavenly flavors.

I am a root myself now, too,
I live my life among such worms,
where this poem takes its form.

Virág voltam, gyökér lettem,
súlyos, sötét föld felettem,
sorsom elvégeztetett,
fűrész sír fejem felett.

Lager Heidenau, Žagubica fölött a hegyekben,
1944. augusztus 8.

I, once a flower, am now a root,
above me, dark, dense, heavy dirt;
fulfilling now my destiny,
the saw cries shrilly over me.

> Lager Heidenau, in the mountains above Žagubica
> 8 August 1944

A LA RECHERCHE...

Régi szelíd esték, ti is emlékké nemesedtek!
költőkkel s fiatal feleségekkel koszorúzott
tündöklő asztal, hova csúszol a múltak iszapján?
hol van az éj, amikor még vígan szürkebarátot
ittak a fürge barátok a szépszemü karcsu pohárból?

Verssorok úsztak a lámpák fénye körül, ragyogó, zöld
jelzők ringtak a metrum tajtékos taraján és
éltek a holtak s otthon voltak a foglyok, az eltünt
drága barátok, verseket írtak a rég elesettek,
szívükön Ukrajna, Hispánia, Flandria földje.

Voltak, akik fogukat csikorítva rohantak a tűzben,
s harcoltak, csak azért, mert ellene mitse tehettek,
s míg riadozva aludt körülöttük a század a mocskos
éj fedezéke alatt, a szobájuk járt az eszükben,
mely sziget és barlang volt nekik e társadalomban.

Volt, ahová lepecsételt marhakocsikban utaztak,
dermedten s fegyvertelen álltak az aknamezőkön,
s volt, ahová önként mentek, fegyverrel a kézben,
némán, mert tudták, az a harc, az az ő ügyük ott lenn, —
s most a szabadság angyala őrzi nagy álmuk az éjben.

A LA RECHERCHE...

Old placid nights, you too have become ennobled as The Past!
The sparkling table wreathed with the poets and their young wives,
where have you slipped away to on the mud of these memories?
Where has it gone, the night when the quick-witted friends still sipped
pinot grigio gladly from the bright-eyed, shapely glasses?

Lines of verse swam in the lamplight, glistening, while green
adjectives surfed on the foamy crest of meter, and the dead lived,
the prisoners were home again, the ones who had disappeared,
dear friends, they wrote more poems, those long since fallen
with the earth of Ukraine, of Spain, of Flanders piled over their hearts.

There were those who gritted their teeth and charged into the gunfire,
and fought only because there was nothing they could do against it,
and while their company lay around them, uneasily sleeping
under the grimy lid of night, their minds paced the rooms
which were their refuge, island and cave in this social order.

There were those who traveled, sealed in cattle cars, to nowhere,
and those who stood, fear-frozen and weaponless, sent to clear minefields,
and those who went willingly, weapons at the ready,
mutely, for they knew that this battle concerned them down below –
and now the angel of freedom guards their great sleep deep in the night.

S volt ahová... mindegy. Hova tüntek a bölcs borozások?
szálltak a gyors behivók, szaporodtak a verstöredékek,
és szaporodtak a ráncok a szépmosolyú fiatal nők
ajka körül s szeme alján; elnehezedtek a tündér-
léptü leányok a háboru hallgatag évei közben.

Hol van az éj, az a kocsma, a hársak alatt az az asztal?
és akik élnek még, hol vannak a harcra tiportak?
hangjuk hallja szivem, kezem őrzi kezük szoritását,
művük idézgetem és torzóik aránya kibomlik,
s mérem (néma fogoly), – jajjal teli Szerbia ormán.

Hol van az éj? az az éj már vissza se jő soha többé,
mert ami volt, annak más távlatot ád a halál már. –
Ülnek az asztalnál, megbujnak a nők mosolyában
és beleisznak majd poharunkba, kik eltemetetlen,
távoli erdőkben s idegen legelőkön alusznak.

Lager Heidenau, Žagubica fölött a hegyekben,
1944. augusztus 17.

And there were those... never mind. Where have the wise wine-bouts gone?
Conscription slips urgently flew at them, fragments of poems multiplied,
and the wrinkles multiplied around the lovely-smiling lips
of the young wives, and beneath their eyes; the fairy-light girls
moved with heavier tread through the taciturn years of war.

Where is that night, that tavern, that table under the lindens?
and those who are still alive, where are these battle-trampled ones?
My heart hears their voices, my hand recalls their handclasp,
I go about quoting their works while their torsos decay,
and I measure it (mute captive) on this mountain range in sad Serbia.

Where is that night? That night shall no longer return — not ever,
for death has already thrown it all into a different perspective. —
They sit at the table, they burrow and hide in the women's smiles,
and the spirits of those who sleep will drink from our glasses,
those who lie unburied in far-off forests and foreign pastures.

     Lager Heidenau, in the mountains above Žagubica
     17 August 1944

RAZGLEDNICA

Bulgáriából vastag, vad ágyuszó gurul,
a hegygerincre dobban, majd tétováz s lehull;
torlódik ember, állat, szekér és gondolat,
az út nyerítve hőköl, sörényes ég szalad.
Te állandó vagy bennem e mozgó zűrzavarban,
tudatom mélyén fénylesz örökre mozdulatlan
s némán, akár az angyal, ha pusztulást csodál,
vagy korhadt fának odván temetkező bogár.

1944. augusztus 30. A hegyek közt

RAZGLEDNICA

From Bulgaria the gruff, savage cannon-fire booms,
thudding to the mountain ridge, then wavers and dims;
they all pile up — humans, animals, wagons, thoughts;
the road brays and bucks, the mane of the sky bolts.
You are within me, constant, in this moving pandemonium
always motionless; in my mind's deepest cranny, you
shine mutely as an angel amazed at the ruin,
or a beetle set to bury itself in punk wood.

      In the mountains
      30 August 1944

ERŐLTETETT MENET

Bolond, ki földre rogyván   fölkél és ujra lépked,
s vándorló fájdalomként   mozdít bokát és térdet,
de mégis útnak indul,   mint akit szárny emel,
s hiába hívja árok,   maradni úgyse mer,
s ha kérdezed, miért nem?   még visszaszól talán,
hogy várja őt az asszony   s egy bölcsebb, szép halál.
Pedig bolond a jámbor,   mert ott az otthonok
fölött régóta már csak   a perzselt szél forog,
hanyattfeküdt a házfal,   eltört a szilvafa,
és félelemtől bolyhos   a honni éjszaka.
Ó, hogyha hinni tudnám: nemcsak szivemben hordom
mindazt, mit érdemes még,   s van visszatérni otthon,
ha volna még! s mint egykor   a régi hűs verandán
a béke méhe zöngne,   míg hűl a szilvalekvár,
s nyárvégi csönd napozna   az álmos kerteken,
a lomb között gyümölcsök   ringnának meztelen,
és Fanni várna szőkén   a rőt sövény előtt,
s árnyékot írna lassan   a lassu délelőtt, —
de hisz lehet talán még!   a hold ma oly kerek!
Ne menj tovább, barátom,   kiálts rám! s fölkelek!

Bor, 1944. szeptember 15.

FORCED MARCH

He's mad, who drops to the ground,   gets up, staggers on again,
his ankles and knees giving,   a wanderer's dream of pain,
but, all the same, slogging on   like one whom wings can lift,
whom the ditch invites in vain,   since he dare not be left,
and were you to ask, Why not?   perhaps he still replies,
his wife is waiting for him   and a death more sweet and wise.
But the fool's gone out of his mind,   back home the houses there
have long since already been   scorched by the churning air,
the walls have flopped on their backs,   the plum tree's cracked and dead,
and the nights at home, all through   the night, are blurred with dread.
Oh, I wish I could believe   I don't just hold in my heart
all that still matters at all: home to return to, and hearth;
if only it were as once,   on the old, cool veranda,
peaceable bees buzzing by   while the plum jam cooled, and
a summer sunned itself, hushed,   in the sleepy garden, ending,
and bare fruit swayed nakedly,   in the branches it was bending,
and Fanni blond and waiting   beside the henna hedge,
and shadows slowly being drawn   by the forenoon's slow edge —
but surely it still can be!   Today's moon is so round!
Don't march farther, friend, call me!   I'll get up from the ground!

Bor, 15 September 1944

RAZGLEDNICA (2)

Kilenc kilométerre innen égnek
a kazlak és a házak,
s a rétek szélein megülve némán
riadt pórok pipáznak.
Itt még vizet fodroz a tóra lépő
apró pásztorleány
s felhőt iszik a vízre ráhajolva
a fodros birkanyáj.

Cservenka, 1944. október 6.

RAZGLEDNICA (2)

Nine kílometers from here they're burning, burning
the hayricks and the houses,
and, squatting dumbly along the meadows' fringes,
shell-shocked peasants smoke their pipes.
Here, stepping into the water, the shepherd girl
ripples the still pond,
and, leaning over that pond, her curly-haired flock
are drinking up clouds.

      Červenka, Serbia
      6 October 1944

RAZGLEDNICA (3)

Az ökrök száján véres nyál csorog,
az emberek mind véreset vizelnek,
a század bűzös, vad csomókban áll.
Fölöttünk fú a förtelmes halál.

Mohács, 1944. október 24.

RAZGLEDNICA (3)

The bullocks' maws are dribbling bloody spittle,
all of us to a man pass blood in our piss,
our stinking company halts, in savage bunches.
Over us blows Death's repulsive stench.

    Mohács, Hungary
    24 October 1944

RAZGLEDNICA (4)

Mellézuhantam, átfordult a teste
s feszes volt már, mint húr, ha pattan.
Tarkólövés. – Igy végzed hát te is, –
sugtam magamnak, – csak feküdj nyugodtan.
Halált virágzik most a türelem. –
Der springt noch auf, – hangzott fölöttem.
Sárral kevert vér száradt fülemen.

Szentkirályszabadja, 1944. október 31.

RAZGLEDNICA (4)

I toppled next to him; his body flipped,
stiff already, as a gut string snaps.
Shot in the nape. "You'll end like this as well,"
I whispered to myself, "Lie still, relax.
Now, Death's the rose they say that patience makes."
"Der springt noch auf"[1] rang out above me.
On my ear the muddied blood was caking.

> Szentkirályszabadja, Hungary
> 31 October 1944

[1.] German: "This one's still moving."

MIKLÓS RADNÓTI (1909-1944) was born to a middle-class, assimilated Jewish family in Budapest. His mother and twin brother died in his birth, a trauma he only learned about much later, and which marked his life and poetry (see "Twenty-eight Years" in this collection). Upon his father's death when he was twelve, his maternal uncle was named his legal guardian. Born Miklós Glatter, early on he adopted the pen name Radnóti (after his paternal grandfather's natal village) and requested permission for an official name change. (When the Interior Ministry's approval of his request to "Hungarianize" his name came in 1934, it authorized not "Radnóti" but "Radnóczi", calling it "much more distinguished." He continued to use his preferred form.) He met his muse and future wife, Fanni Gyarmati (1912-2014), in 1926; they married in 1935, having honored their elders' insistence on waiting until he had achieved his doctorate. Receiving the degree in Hungarian literature under the mentorship of noted poet Sándor Sík, Radnóti became a leading light of the younger generation of poets, his works evolving from early expressionist and populist experiments into a remarkable renewal of classical models infused with modernity (for instance, his series of eclogues). The couple, nevertheless, subsisted primarily on Fanni's income as a teacher, while Miklós took occasional work as an editor, writer and translator. As Hungary stumbled deeper into alliance with the Axis powers, legal and extralegal persecution of the Jews increased. Jews were forbidden to serve in the military but were instead conscripted into unarmed labor battalions. Radnóti served three tours of forced labor: September-December 1940, October 1941 – April 1943 (with interruptions), and, finally, May 1944 until his death. In the meantime, he had volumes of his poetry published, as well as literary translations, and he even presented a few readings and lectures on Hungarian Radio. Radnóti converted to Christianity and was baptized as a Catholic in May 1943. Asking a former professor to stand as his godfather, Radnóti wrote: "About fifteen years ago, I resolved to convert before completing my thirty-fourth year....although I felt and believed myself a Catholic since the age of eighteen, [I delayed] because I thought that this crazed and debased world simply had to have recovered its senses by now, that persecution of the Jews would have ceased, and my conversion would have become a private matter: nobody could have considered it seeking after either advantage or protection. Of course, the world today is truly insane and debased, but certainly nobody can any longer consider my conversion a matter of advantage or protection, since it confers no practical benefit. Thus, the burgeoning laws and regulations have washed away my ethical concerns. Sándor Sík [his mentor and a monk of the Piarist order] will perform the baptism..." He received the call-up to his final, fatal tour a year after his baptism. Sent to a copper mine in Bor, Serbia, he acquired a notebook in which he recorded his poems. When Tito's partisans threatened to overrun the mine in late August 1944, the camp inmates were separated into two groups for a forced march to the northwest, away from the approaching front lines. Radnóti made a copy of his notebook poems to date and gave it to a friend in the other group—who was able to deliver the copy to Fanni. Radnóti continued to write poems during his march, but in November, he was shot as a straggler in the northwest of Hungary and buried in a roadside mass grave. The notebook was discovered on his corpse when the grave was exhumed eighteen months later. The only poems remaining legible were those he'd written after making the copy—so his entire legacy was thus preserved. Fanni lived on, nurturing the flame of his work and dying as this volume was being prepared for publication, three months shy of seventy years after bidding her husband farewell.

JOHN M. RIDLAND was born in London in 1933 of Scottish ancestry, but has lived most of his life in California. He taught writing and literature for over forty years in the English Department and the College of Creative Studies at the University of California in Santa Barbara, where he still lives. His published books include: *Fires of Home* (Scribner's Poets of Today VIII), *Ode on Violence, In the Shadowless Light, Elegy for My Aunt, Palms, Life with Unkie, (Un)Extinguished Lamp/Lampara Anapagada*, and *A Brahms Card Ballad: Poems Selected for Hungarians*, which was issued in Hungarian translation by the Europa Press three years before being published by Dowitcher Press in California in 2007. With his New Zealand-born wife Muriel, he co-authored *And Say What He Is: The Life of a Special Child*, published in 1975 by the MIT Press. His latest book of poems, *Happy in an Ordinary Thing*, was released by the Truman State University Press in February 2013, and was nominated by the Press for the Pulitzer and other prizes. He has translated the Middle English masterpiece, *Sir Gawain and the Green Knight*, of which Parts II and IV were published in *The Hudson Review*, and Part IV in the *Hudson Review* anthology, *Poets Translate Poets*. The entire poem has been printed in a fine, limited edition by Juan Pascoe at Taller Martín Pescador in Michoacán, Mexico. With Peter Czipott he has published a selection of poems by Sándor Márai, *The Withering World* (Alma Classics, London, 2013), and several poems by other Hungarians incuding Gyula Illyes's famous "One Sentence Against Tyranny" and George Faludy's "Ode to Hungarian." They are now translating poems by Dezső Kosztolányi.

PETER V. CZIPOTT, born in California to Hungarian parents, holds a Ph.D. in physics. His career as a scientist working in industry focused on research and development of sensors for non-destructive evaluation, medical diagnostics, and detection of concealed threats and contraband. Dr. Czipott now provides consultation services in applied physics and related disciplines. In collaboration with John Ridland, he has published translations of poems by Miklós Radnóti, Sándor Márai, György Faludy, Bálint Balassi, Zoltán Zelk, and Sándor Reményik in journals in the U.S., U.K., and Australia. Dr. Czipott was one of the 2010 recipients of the Bálint Balassi Memorial Medallion for services to Hungarian culture. With Ridland, he has published, in addition to the present volume, a collection of selected poems by Márai, under the title *The Withering World* (London: Alma Classics, 2013).

CPSIA information can be obtained
at www.ICGtesting.com
Printed in the USA
LVHW090043300519
619542LV00004B/366/P